Cuadernos liberales

Sobre la necesaria separación
del derecho y el Estado

Ricardo Manuel Rojas

SOBRE LA NECESARIA SEPARACIÓN DEL DERECHO Y EL ESTADO

Unión Editorial
2025

© 2024 Ricardo Manuel Rojas
© 2025 UNIÓN EDITORIAL, S.A.
c/ Hilarión Eslava 21 – local • 28015 Madrid
Tel.: 91 350 02 28
Correo: editorial@unioneditorial.net
www.unioneditorial.es

ISBN: 978-84-7209-915-9
Depósito legal: M. 6.704-2025

Compuesto e impreso por EL BUEY LIBERAL, S.L.
Impreso en España • *Printed in Spain*

ÍNDICE

INTRODUCCIÓN[1]

«La simple idea de que el Derecho pudiera no ser idéntico a la legislación, resulta extraña tanto a los estudiantes de leyes como a los legos».

«El proceso jurídico, en último término, se remonta siempre a la reclamación individual. Los individuos crean el derecho en tanto y en cuanto efectúan reclamaciones que prosperan».

«El derecho es un mundo de reclamaciones».

BRUNO LEONI.

Tras el avance del positivismo y la politización que se intensificó en los últimos dos siglos, se ha vuelto habitual pensar que el derecho es una creación del Estado, ya sea a través de la legislación del Congreso, los decretos del Poder Ejecutivo que reglamentan a esas leyes, o las sentencias de los jueces que las aplican. La penetración de la política en las ciencias sociales, que convirtió a la cataláctica en economía política, al lenguaje en idioma nacional, a la moral en culto oficial, ha identificado al derecho con la creación estatal de normas.

Pero no obstante esa creencia contemporánea, es posible afirmar que el derecho nació y se desarrolló a partir de la necesidad de afianzar acuerdos cooperativos y resolver

---

[1] Una versión inicial de este trabajo resultó ganadora del primer premio en el concurso de ensayos de la *Fundación Caminos de la Libertad* de México, 2024, e integra el libro: *Free City. Orden cooperativo y competencia de reglas jurídicas* (Unión Editorial, Madrid, 2025). El trabajo incluye además conceptos que fueron desarrollados en dos libros previos: *Análisis económico e institucional del orden jurídico* (Abaco, Buenos Aires, 2004) y *Fundamentos praxeológicos del derecho* (Unión Editorial, Madrid, 2018).

reclamos, lo que permitió formar un conjunto de principios que se convirtieron en normas por su uso generalizado. La formación de esas normas fue un proceso que creció desde lo particular hacia lo general, es decir, desde los acuerdos y conflictos individuales hacia los principios elaborados a partir de la solución de tales conflictos.

La intromisión estatal ha torcido el sentido del orden jurídico, que por obra de las distintas vertientes de positivismo se convirtió en un instrumento coactivo de regulación de la libertad. El sometimiento del derecho a la política no sólo lo ha desvirtuado, sino que lo convirtió en algo muy peligroso: un arma en manos del gobernante.

Frente al monopolio estatal de la ley se erige la idea opuesta, la de la ley policéntrica, es decir, el rompimiento de ese monopolio y la admisión de un proceso competitivo originado en decisiones voluntarias, tanto para establecer las reglas como para resolver los reclamos[1]. El punto culminante de este policentrismo se alcanza cuando se ubica la fuente del derecho en cada persona, lo que, como veremos, permite considerar a la sociedad como un conjunto de acuerdos contractuales y soluciones arbitrales sustentadas en múltiples reglas y criterios a disposición de las personas. Lejos de lo que intuitivamente se tiende a pensar y se le inculca a los estudiantes en las «escuelas de leyes», la creación y desarrollo del derecho no es obra de las autoridades estatales, sino de las personas que interactúan.

En otros ámbitos de estudio de la sociedad, se habla de ciencias o disciplinas. La lingüística estudia el desarrollo del lenguaje, la antropología la formación de culturas antiguas. No se piensa que la lingüística sea el «lenguaje», ni la antropología la «cultura antigua». Sin embargo, al derecho, por obra del

---

[1] Un buen avance en este sentido es el trabajo de Bruce L. Benson, en especial su libro: *The Enterprise of Law: justice without State,* Pacific Research Institute, 1990 [Trad. esp.: *Justicia sin Estado*, Unión Editorial, Madrid, 2000].

positivismo, no se lo suele considerar como la ciencia que estudia el orden jurídico, sino que el derecho «es» el orden jurídico, y se lo termina asimilando con la decisión voluntarista de ciertos grupos que imponen mandatos al resto. El propósito de este ensayo es mostrar el error de esa visión.

Para abordar el tema, dividiré la presentación en tres partes: en la primera explicaré al derecho como un orden espontáneo basado en decisiones individuales voluntarias que emanan de la cooperación; en la segunda, veré cómo se produjo el proceso de estatización del derecho; y finalmente, intentaré mostrar por qué considero necesario revertir la dirección que ha venido teniendo la teoría jurídica, y volver a separar el derecho del Estado.

Capítulo I

EL DERECHO COMO ASPECTO DEL ESTUDIO DE LA SOCIEDAD

1. La sociedad como proceso de intercambio

Existen dos hitos históricos que han contribuido decididamente a la comprensión de los fenómenos que ocurren por la interacción humana. El primero fue el interés en los tipos de orden por parte de los filósofos griegos. El segundo, la discusión del orden social durante el siglo XVIII por los autores morales escoceses.

Los griegos distinguieron dos formas de orden: el espontáneo, natural, endógeno, autogenerado por la interacción de los elementos involucrados sin una búsqueda deliberada del resultado final, al que se referían como «*Cosmos*»; y el artificial, deliberado, exógeno, producto de la intervención de alguna fuerza o autoridad que lo impone, a que denominaban «*Taxis*»[1].

Hayek explicó que en aquellas discusiones sobre los órdenes se produjo una confusión terminológica, que recién pudo ser zanjada en el siglo XVIII. En efecto, los vocablos griegos originales, introducidos aproximadamente en el siglo V a.C., eran: *physei*, es decir «por naturaleza»; y frente a él, se utilizaron dos términos: o bien *nomô*, que podría traducirse

---

[1] Hayek, Friedrich A., *Nuevos Estudios de Filosofía, Política, Economía e Historia de las Ideas*, Unión Editorial, Madrid, 2007, pp. 99 y ss.

como «acuerdo», o bien *thesei*, cuyo significado se acercaba más a una «decisión deliberada». El uso poco claro de estas dos palabras llevó a la confusión de pensar que cualquier conducta realizada por seres humanos caía bajo la segunda categoría automáticamente, y requería una decisión humana deliberada.

En el siglo II, Aulio Gelio tradujo los términos griegos physei y thesei por *naturalis* y *positivus*, lo que más tarde se popularizaría en la denominación de los dos tipos fundamentales de ley[2].

Recién en el siglo XVIII, Bernard de Mandeville y los autores morales escoceses advirtieron la existencia de una tercera categoría, que es el orden producido como consecuencia de acciones humanas, pero cuyo resultado no es buscado deliberadamente. Este tipo de fenómenos constituyen el objeto de estudio de las ciencias sociales teóricas, respecto de las cuáles estos autores deben ser considerados precursores.

Sin embargo, aquella distinción original entre los órdenes natural y artificial, llevó a entender a la sociedad como el producto artificial de decisiones humanas deliberadas tendientes a su organización, lo que se afianzó a partir de las visiones racionalista y positivista en los siglos XVIII y XIX. Así, la Sociología nació como la ciencia que tiene al grupo o sociedad como objeto de estudio. Sobre tal base se buscaron leyes que pudieran explicar los fenómenos del conjunto, y la conducta individual sólo adquirió relevancia en su vinculación con el grupo[3].

Dentro de la tradición escocesa, Adam Ferguson señalaba que las naciones tropiezan con instituciones que ciertamente

[2] Hayek, Friedrich A., *Derecho, Legislación y Libertad*, Unión Ed., Madrid, 2014, pp. 39 y ss.
[3] Rojas, Ricardo Manuel, *Individuo y sociedad. Seis ensayos desde el individualismo metodológico*, Unión Editorial, 2021, pp. 25-26.

son el resultado de la acción humana, pero no la ejecución del diseño humano[4].

> Esta afirmación contiene dos presupuestos que resultan básicos para el pensamiento de estos autores: 1) que los hombres no «inventan» desde cero, sino que innovan a partir de condiciones o instituciones que fueron el fruto de acciones humanas anteriores, y 2) que la yuxtaposición de multitud de planes individuales produce, al entrecruzarse, resultados que no necesariamente eran los buscados por sus autores[5].

Ferguson mencionaba como ejemplos de esas instituciones espontáneas a la moneda, la moral, el derecho, el mercado y el lenguaje. Por supuesto que si no hubiese personas interactuando tales instituciones no existirían; pero ninguna persona o grupo en particular las diseñaron. Son el producto no buscado de ese intercambio sostenido en el tiempo[6]. Precisamente el segundo de los presupuestos mencionados por Gallo resulta particularmente importante para entender los procesos sociales, esto es, que la interacción voluntaria genera consecuencias no previstas ni planeadas. Los acuerdos y reclamos forman un orden que no ha sido buscado deliberadamente, pero que al ser descubierto se lo aprovecha en interacciones futuras.

La creencia constructivista de que el derecho es un orden de normas diseñado por una autoridad persiguiendo efectos

---

[4] Ferguson, Adam, *An Essay on the History of Civil Society*, Londres, 1767, Cadell, Kincaid, Creech & Bell, p. 187: *«Nations stumble upon establishments, which are indeed the result of human action, but not the execution of any human design»*.

[5] Gallo, Ezequiel, «La tradición del orden espontáneo. Adam Ferguson, David Hume y Adam Smith», *Libertas* N° 6, ESEADE, mayo de 1987, p. 140.

[6] Rojas, Ricardo Manuel, *Individuo y Sociedad*, *op. cit.*, p. 30.

directos sobre las personas ha causado los mismos males que la planificación central provocó al orden del mercado.

La «sociedad» sólo puede entenderse lógicamente como un proceso de múltiples intercambios entre personas, que al interactuar sobre la base de sus propias valoraciones y propósitos forman un orden natural o espontáneo. Estudiar la sociedad es estudiar tal proceso de intercambio y su producto. El método para ello es el individualismo metodológico, que presupone que todas las acciones tienen su origen en individuos y a partir de ellas se deben observar los fenómenos producidos por la interacción[7].

Los pensamientos y acciones consecuentes sólo pueden ser formulados por individuos. Los grupos como tales no actúan ni tienen existencia independiente de la de sus miembros. La innumerable cantidad de relaciones que se dan dentro del grupo forman un mecanismo de ajuste mutuo, por el cual se termina contribuyendo al logro de los objetivos ajenos con el propósito de alcanzar los propios[8]. Dicho proceso es estudiado por varias disciplinas, como la economía, el derecho, la lingüística, la moral, etc., que en realidad son aspectos de un mismo fenómeno, que es la interacción social.

En este contexto, el derecho es el área de la ciencia social que estudia los mecanismos para prevenir, minimizar o solucionar conflictos nacidos en los reclamos que se produzcan a partir de las decisiones y acciones individuales[9]. Su propósito es afianzar las relaciones cooperativas y minimizar la agresión. Ello se logra a través de dos áreas fundamentales: el estudio de los acuerdos voluntarios (contratos) que previenen y evitan

---

[7] Mises, Ludwig, *Los fundamentos últimos de la Ciencia Económica*, Unión Editorial, Madrid, 2012, p. 131.

[8] Rojas, Ricardo Manuel, *Individuo y sociedad, op. cit.*, p. 48.

[9] Rojas, Ricardo Manuel, *Fundamentos praxeológicos del derecho*, Unión Editorial, Madrid, 2018, p. 103.

conflictos futuros, y el estudio de los reclamos y su solución, cuando los conflictos efectivamente se producen.

2. El orden jurídico se forma espontáneamente a partir de contratos y reclamos. La cuestión de las fuentes del derecho

Bruno Leoni elaboró una estimulante teoría jurídica que encuentra un fuerte anclaje en la visión individualista de los fenómenos sociales. Según el autor italiano, el derecho nace con el reclamo (*pretesa*)[10] y la necesidad de resolverlo: «es un mundo de reclamaciones»[11].

El derecho estudia un aspecto del proceso social, y vimos que la sociedad no es más que personas interactuando[12], por lo que no parece razonable hablar de derecho en ausencia de un acto previo susceptible de provocar un conflicto –actual o potencial– que dé lugar a un reclamo concreto, y por eso la teoría jurídica, sólo tiene sentido a partir de la acción humana individual. Esto le permitió elaborar su visión del derecho desde bases praxeológicas, consistente con la Escuela Austríaca de Economía[13].

Esta idea del reclamo como origen de la discusión jurídica está en la génesis de los principales órdenes jurídicos surgidos

---

[10] Leoni, Bruno, *Il diritto como pretesa*, Ed. Liberlibri, Macerata, 2004.

[11] Leoni, Bruno, *Lecciones de Filosofía del Derecho*, Unión Editorial, Madrid, 2008, p. 67.

[12] Señalaba Hazlitt que «*sociedad*» no es más que el nombre que le damos a la combinación de los esfuerzos de quienes cooperan con fines determinados (Hazlitt, Henry, *Los fundamentos de la moral*, Universidad Francisco Marroquín, Guatemala, 2012, p. 39). Es una sucesión de interacciones individuales (Mises, Ludwig, *Problemas epistemológicos de la economía*, Unión Editorial, Madrid, 2013, p. 176).

[13] Un desarrollo más completo de esta idea lo he intentado en: *Fundamentos Praxeológicos del Derecho*, Unión Editorial, Madrid, 2018.

en occidente: el conflicto y consecuente reclamo ha sido la base de la labor de los pretores en el derecho romano clásico, de los jueces en el *common law* anglosajón y los derechos forales de varias partes de Europa, y de los árbitros comerciantes de la *lex mercatoria* en los puertos del Mediterráneo.

Jueces, pretores y árbitros actuaban a partir de reclamos concretos, y para resolverlos utilizaban argumentos lógicos, costumbres, antiguas normas, precedentes, opiniones de los doctrinarios, unido al análisis de los argumentos y pruebas aportadas por litigantes, sus abogados, testigos y expertos. Por supuesto que cuando el conflicto se centraba en un presunto incumplimiento contractual, la interpretación del contrato y la voluntad de los contratantes era la fuente primordial del análisis jurídico. Las pretensiones de las partes fijaban los límites de lo que el juez debía resolver.

Estas consideraciones llevaron a Leoni a concluir que el derecho no es creación ni de los legisladores ni de los jueces, sino de la gente. En última instancia, los jueces a quienes toca resolver los casos no deciden el derecho aplicable de acuerdo con su voluntad: se basan en lo que las partes acordaron en sus contratos, manifestaron a través de sus acciones, y alegan en sus reclamos y presentaciones; también analizan razonadamente la prueba aportada, incluyendo testigos y peritos que dan sus opiniones y puntos de vista, las opiniones técnicas de los doctrinarios y expertos, así como los precedentes elaborados por otros jueces en juicios previos.

La jurisprudencia –que técnicamente es un conjunto de doctrinas emanadas de decisiones judiciales– se forma alrededor de múltiples opiniones razonadas y argumentos ofrecidos por todos aquellos que participan con distintos roles en los juicios que concluyen con las sentencias que forman tales doctrinas. Al tener cada una de esas personas intereses y roles distintos, ofrecen puntos de vista variados que alimentan la discusión crítica sobre cada asunto. La participación de legisladores y jueces acaba siendo un catalizador de esas opiniones y discusiones jurídicas en las que toda la gente participa[14]. La tarea fundamental del juez, al resolver un conflicto, es ordenar y ponderar las peticiones, pruebas y alegaciones, y extraer de todas ellas normas abstractas que le permitirán llegar a una solución adecuada, y al mismo tiempo alimentar ese cuerpo de pensamiento jurídico que será de utilidad para resolver conflictos futuros.

En definitiva, el derecho es producto de una constante deliberación generada alrededor de los reclamos que se formalizan y resuelven permanentemente, lo que facilita un proceso de producción de reglas y normas cuya razonabilidad será puesta a prueba cada vez que se las intente aplicar en casos análogos futuros.

Es bueno recordar que tanto las referencias a la «*lex*» en el derecho romano como al «*law*» en el anglosajón, no remitían originalmente a la legislación escrita impuesta por autoridades políticas, sino a los principios desarrollados a partir de discusiones concretas. La «ley», en este contexto, es el derecho aplicable para resolver los reclamos, lo que no significa una imposición de mandatos creados por la autoridad política, sino el producto de debates llevados a cabo ante jueces o árbitros[15].

---

[14]   Concluía Leoni: «El proceso jurídico, en último término, se remonta siempre a la reclamación individual. Los individuos crean el derecho en tanto efectúan reclamaciones que prosperan. No hacen únicamente previsiones y predicciones, sino que intentan que éstas tengan buen fin mediante su propia intervención en el proceso. Así, los jueces, los jurisconsultos y, sobre todo, los legisladores, no son sino individuos que se encuentran en una situación especial para influir, a través de su propia intervención, en todo el proceso jurídico [...] (L)as posibilidades de esta intervención son limitadas y no deberían ser sobrevaloradas» (Leoni, Bruno, *La libertad y la ley, op. cit.*, p. 228).

[15]   Señalaba Leoni a respecto. «El proceso legal espontáneo, antes de la promulgación de los códigos y constituciones del siglo XIX, no era en modo alguno único, si se considera en relación con otros procesos espontáneos tales como el del lenguaje ordinario, o las transacciones eco-

Los pretores elaboraron un proceso de creación de principios que subyacen en los casos individuales que comparten características comunes, conocido como «*regulae*». Dicha tarea se llevó a cabo siguiendo la orientación de la gramática, la filosofía y el incipiente método científico, para analizar los casos extraídos de la realidad que los particulares sometían a su decisión. Así se formaron los primeros principios del derecho romano[16]. Sin proponérselo, elaboraron un *corpus* de reglas que fueron seguidas en la posterior elaboración del derecho[17].

Los romanos sabían que el derecho nace del hecho[18]. Son los hechos concretos, provocados por las acciones de los individuos, los que originan conflictos y reclamos que deben ser resueltos, y por ello, entendían que cuando existe ambi-

---

nómicas habituales, o las variaciones de la moda. Un rasgo característico de estos procesos es que se llevan a cabo por la colaboración voluntaria de un enorme número de individuos, cada uno de los cuales participa en el mismo proceso, de acuerdo con su disposición y con su capacidad para mantener, o incluso modificar, las condiciones presentes de los negocios económicos, del lenguaje, de la moda, etc.» (Leoni, Bruno, *La libertad y la ley*, *op. cit.*, p. 169).

[16] La importancia que los romanos conferían a las reglas se ve reflejada en este pasaje de Paulo, incorporado luego por Justiniano al Digesto: «*Regula est quae rem quae est breviter enarrat. Non est regula ius summatur, sed ex iure quod est regula fiat. Per regulam igitur brevis rerum narratio traditur, et, ait Sabinus quasi causae coniectio est, quae simul cum aliquo vitiata est, perdit officium suum*». Regla es la que expone brevemente la cosa, tal cual es. El derecho no se toma de la regla, sino que la regla se hace con arreglo al derecho existente. Así, pues, por medio de una regla se describen las cosas, y como dice Sabino, es como un resumen de la causa, que tan pronto como es viciada en algo, pierde su eficacia (*Paulo en D.50.17.1*).

[17] Martínez de Morentín, María Lourdes, «Sobre la construcción del principio *pacta sunt servanda rebus sic stantibus*, su aplicación a los contratos y estado actual de la cuestión», en *Revue Internationale des Droits de l'Antiquité* 61 (2014), pp. 329-362.

[18] *Ex facto ius oritur* (Bártolo, *Commentaria ad Codicem* 3.9.1, n. 4, vol. VII, charta 112; Alciato, *Commentaria*, c. 302, n. 5.; citados por Domingo, Rafael, *Elementos de Derecho Romano*, Ed. Aranzadi, Navarra, 2010, p. 139).

güedad en las palabras, valen las acciones[19]. Y para establecer responsabilidades, los pretores exigían como patrón aquella acción que podía esperarse de un buen padre de familia[20].

De un modo similar a lo ocurrido en Roma, para los primeros juristas británicos el derecho no era una creación de los jueces, sino que estaba constituido por normas aplicables al caso que ellos debían descubrir, buceando en las costumbres y los precedentes[21]. A este proceso contribuyó decisivamente el hecho de que a partir del año 1300 ya existían en Inglaterra escuelas donde se formaban abogados no profesionales, quienes no tenían estudios académicos en las universidades en las que se enseñaba el derecho canónico o el derecho romano, sino que eran expertos en el derecho consuetudinario (*common law*) que se aplicaba en los tribunales, lo que los preparaba para discutir casos que giraban en torno a reclamos concretos, con argumentos basados en hechos, pruebas y costumbres[22].

---

[19] *Ubi est verborum ambiguitas, valet quod acti est* (Paulo, 34.5.21.; citado por Domingo, Rafael, *op. cit.*, p. 145).

[20] La idea de la conducta esperada de un diligente *paterfamilias*, fue mutando con el correr del tiempo y las transformaciones sociales, para interpretarse, en la mayoría de las legislaciones que siguieron esa fórmula, como la conducta esperada de una persona diligente, libre y con plenos derechos. La diligencia, la razonabilidad y la rectitud, que eran esperables en un buen padre de familia romano, son las condiciones que modernamente nutren a la idea de lo que constituye una conducta acorde a derecho.

[21] Señalaba Leoni al respecto: «Tanto los romanos como los ingleses compartieron la idea de que la ley es algo que se debe *descubrir* más bien que *promulgar*, y que nadie debe ser tan poderoso en su sociedad como para poder identificar su propia voluntad con la ley del país. La tarea de «descubrir» la ley se confió en esos países a los jurisconsultos y a los jueces, respectivamente; dos categorías de personas comparables, al menos hasta cierto punto, con los científicos expertos actuales» (Leoni, Bruno, *La Libertad y la ley*, *op. cit.*, p. 28). Sobre las similitudes entre la formación de la jurisprudencia por los jueces y el avance de las teorías científicas, puede consultarse: Rojas, Ricardo Manuel, *La decisión judicial y la certidumbre jurídica*, Unión Editorial, Madrid, 2018, pp. 171 y ss.

Juristas como Mathew Hale y William Blackstone sostuvieron en los siglos XVII y XVIII que las sentencias declaran un derecho preexistente que se encuentra en las costumbres prolongadas e inmemoriales de sus habitantes[23]. Tiempo después, esta idea fue aplicada en Estados Unidos por James Coolidge Carter, quien entendía que las sentencias ofrecen una prueba satisfactoria de la adecuación de la costumbre al caso, es decir, que el precedente era la «costumbre autenticada»[24]. Pero a diferencia de Blackstone, Carter tuvo una visión evolutiva y dinámica que permitía deducir nuevas costumbres como fuente de criterios jurisprudenciales que evolucionan.

> El progreso de la sociedad desarrolló constantemente nuevas formas de conducta, fundadas en nuevas convicciones sobre lo que es recto, y esto creó la demanda de nuevas acciones de los tribunales mediante la concesión de remedios[25].

Esta invocación de la «costumbre» no debe tomarse de manera literal. Los jueces utilizaron el vocablo *costumbre* para referirse al conjunto de argumentos que los ayudaba a resolver el caso: englobaba sentido común, argumentos ofrecidos

---

[22] Pipes, Richard, *Propiedad y libertad. Dos conceptos inseparables a lo largo de la historia*, Fondo de Cultura Económica, México, 2002, pp. 176-177. Es importante destacar que, en el sistema judicial británico, la decisión de que un abogado pudiese litigar o no ante los tribunales no dependía de sus estudios universitarios, sino de la autorización otorgada por instituciones creadas a ese fin, las *Inns of the Court*. Por ello, el abogado litigante tenía una formación enfocada fundamentalmente con la labor en las cortes, más que con el conocimiento de la teoría y la filosofía jurídica.

[23] Blackstone, William, *Commentaries on the Laws of England* [1769], Bancroft-Whitney Co., San Francisco, 1925, t. I, p. 63. Las referencias a las costumbres antiguas como fuente y fundamento del derecho se remonta a la Carta Magna (1215) e incluso a documentos anteriores.

[24] Carter, James C., *Law: Its Origin, Growth and Function*, Putnam's Sons, Nueva YorkLondresNueva York y Londres, 1907, pp. 62 y ss.

[25] *Op. cit.*, p. 63.

por las partes, precedentes de otros tribunales, doctrina de los expertos, y costumbre propiamente dicha. Todo lo que usualmente contribuyera a descubrir una solución razonada, quedaba incluido en el concepto. No se trataba de una idea positivista de costumbre, entendida como norma abstracta general y superior, sino de la búsqueda de la solución más razonable del conflicto[26]. Cuando esa solución era aplicada a los casos concretos, era formalmente considerada como la costumbre descubierta por el juez, y se convertía en norma a través de la jurisprudencia.

Incluso el derecho penal, que hoy es la máxima expresión del derecho estatal elaborado por asambleas políticas e impuesto por mandatos, surgió originalmente como derecho privado basado en la restitución de los perjuicios sufridos por la víctima, a raíz de un reclamo efectuado por ésta, donde la sanción consistía generalmente en un resarcimiento pecuniario, la muerte o la expulsión, dependiendo de los casos, y ponderando la petición del propio damnificado[27]. Su origen fue el derecho de daños, parcialmente estatizado por decisión política para proteger la «paz del Rey», y luego convertido en instrumento de poder para garantizar los propios fines del Estado[28].

---

[26] También los romanos habían establecido este punto al sostener que *la doctrina común tiene la fuerza de la costumbre*, dando a la opinión consensuada la fuerza de fuente del derecho equivalente a la que emana de lo que se denominaba genéricamente «costumbre»: *Communis opinio habet vim consuetudinis* (Baldo, *Lectura ad tres priores libros Decretalium* 1.2.5; citado por Domingo, Rafael, *Elementos de Derecho Romano*, p. 138).

[27] Sobre este punto puede consultarse: Rojas, Ricardo Manuel, *Las contradicciones del derecho penal*, Unión Editorial, Madrid, 2023, pp. 209 y ss.

[28] Esta relación entre el derecho de daños y los crímenes ha sido explicada por: Epstein, Richard A., «Crime and tort: Old wine in old bottles», en *Assessing the Criminal: Restitution, Retribution and the legal process*, Randy E. Barnett & John Haggel (Ed.,), Ballinger Publishing Company,

Al explicar el orden que se produce alrededor de la jurisprudencia que forman los jueces, Hume señaló que la sociedad
se organiza mediante la aplicación de tres leyes de la naturaleza: el respeto de la propiedad, la autonomía de la voluntad
contractual y el cumplimiento de los acuerdos. Sostenía que
estas leyes eran anteriores a la existencia del gobierno, y que su
respeto era el efecto de la justicia y no su causa, pues la justicia
no es otra cosa que el debido cumplimiento de las promesas[29].

Bajo la guía de estos tres principios esenciales, se fueron
desarrollando normas abstractas a partir de la solución de
casos judiciales, lo que generó un orden jurídico espontáneo,
similar al mercado o el lenguaje, formado alrededor de los
criterios generalizadamente aceptados para resolver conflictos
de derecho[30]. De algún modo, los precedentes cumplen en ese
orden espontáneo una labor informativa similar a la que los
precios aportan al proceso de mercado.

3. El contrato como manifestación de la voluntad individual

El contrato es la expresión jurídica primaria del ejercicio de la
libertad y la propiedad. Es el medio por el cual se efectivizan
los acuerdos cooperativos de manera voluntaria y pacífica.
Los seres humanos pueden relacionarse de dos formas: por
la razón (mediante acuerdos voluntarios) o por la fuerza (mediante el uso de la coacción o el fraude). La forma racional

---

1977, pp. 231-257. Rojas, Ricardo Manuel, *Las contradicciones del Derecho Penal, op. cit.*, pp. 53 y ss.

[29] Hume, David, *A Treatise of Human Nature* [1740], Clarendon Press, Oxford, 1978, pp. 542-543; citado por Anthony de Jasay, «La antinomia del contractualismo», en Revista *Libertas* n.° 23, octubre de 1995, pp. 8-9.

[30] Rojas, Ricardo Manuel, «El orden jurídico espontáneo», *Libertas* n.° 13 (octubre de 1990), pp. 187-238.

de relacionamiento es aquella que se expresa mediante contratos, respetando las valoraciones, intereses e incentivos de cada persona. La coactiva es la que se impone por medio de mandatos, sea por un grupo dominante o un gobernante, sea a través de decisiones caprichosas o de un sistema de reglas que establezca un procedimiento para imponer el orden.

La ley es la organización coactiva; el contrato es la organización voluntaria.

Los contratos han nacido conjuntamente con la sociedad, entendida como una sucesión de intercambios[31]. Una de las mayores contribuciones a la coexistencia pacífica ha sido el descubrimiento de las ventajas de la cooperación social, que ha relegado al uso de la fuerza, y en buena medida lo reemplazó por la asociación voluntaria[32]. En el estudio de ese fenómeno social que es el intercambio, el aspecto jurídico está dado por la observación de dos actividades fundamentales: 1) la formación del acuerdo, a través de la decisión, negociación, alcance y forma que las partes le den; y 2) la previsión de una garantía de cumplimiento de sus cláusulas, o en su caso las reglas vinculadas a la reparación por el incumplimiento.

El fundamento de la supremacía de los contratos ha de buscarse en la voluntad autónoma, en la libertad de acción del ser humano[33]. La voluntad es el principal elemento en la formación, modificación o extinción de los actos jurídicos, en la determinación de sus efectos, de su fuerza obligatoria, así como la principal pauta de interpretación de sus cláusulas por el juez[34].

---

[31] Como ha sostenido acertadamente Ayn Rand: «El hombre no es un lobo solitario ni un animal social. Es un animal contractual» (*The Ayn Rand Letter*, Vol. II, No. 2 October 23, 1972, *A Nation's Unity*–Part II).

[32] Mises, Ludwig, *La Acción Humana, op. cit.*, p. 174.

[33] Rojas, Ricardo Manuel, *La propiedad. Una visión multidisciplinaria e integradora, op. cit.*, p. 150.

[34] Risolía, Marco Aurelio, *Soberanía y crisis del contrato en nuestra legislación civil*, Ed. Abeledo-Perrot, Buenos Aires, 1958, pp. 48-49. Agrega el autor:

La idea colectivizada del derecho ha intentado mostrar que las normas jurídicas impuestas por la legislación otorgan certidumbre a las relaciones humanas, mientras que los contratos, por ser expresión de la voluble voluntad individual, carecen de estabilidad, y sobre todo de generalidad en los criterios que establecen las reglas.

Sin embargo, es posible afirmar que sólo los contratos generan certidumbre, desde que son la manifestación unívoca de la voluntad de cada uno de los contratantes. La regla emanada de ese compromiso es estable y predecible mientras transcurra el plazo de su validez, o hasta que no sea modificado por un nuevo acuerdo de las partes. Si alguno de los contratantes incumple su promesa, generalmente el propio contrato dispone el modo de resolver ese conflicto.

Por el contrario, las normas colectivas –en especial las que emanan de asambleas legislativas– carecen de certidumbre, al no ser el resultado de un compromiso personal de los involucrados, sino decisiones adoptadas por extraños que no se comprometen personalmente por las consecuencias, y tienen sus propios intereses e incentivos respecto de las acciones que pretenden regular.

Quien suscribe un contrato está comprometiendo su voluntad y su asentimiento al contenido. Tal vez no sea todo lo que él hubiese preferido, pero es la expresión de la mejor decisión a su alcance, dadas las circunstancias, y por ello lo acepta, pues nadie actúa voluntariamente en su propio perjuicio[35]. Quien se

---

«Surge claro que el reconocimiento de una voluntad libre, dotada de autonomía jurídica, conduce a garantizar la eficacia de la voluntad individual en el campo del derecho y a extender así, a favor del aumento progresivo del volumen de los negocios, el imperio del contrato, la más común de las manifestaciones de la voluntad por las cuales el hombre entra en relación con sus semejantes» (p. 53-54).

[35] Decir que una persona actúa siempre buscando su propio provecho, no significa ni que lo que pretende sea lo mejor para sí, ni que no pueda

somete a la legislación, en cambio, no tiene participación alguna en el diseño de la norma, y por lo tanto se le exige coactivamente que la cumpla, aun cuando no se haya comprometido a hacerlo y aun cuando la disposición claramente lo perjudique.

Las personas respetan los contratos porque empeñaron su palabra, conociendo las consecuencias de ese compromiso. Pero sólo respetan las leyes tras un análisis de coste-beneficio que llevan a cabo luego de sancionadas, pues jamás se les pidió consentimiento previo. Si los costos de no cumplir la ley superan a los beneficios, entonces la cumplirá; si son inferiores, tendrá incentivos para no cumplirla.

Es verdad que quien suscribió un contrato puede en el futuro tener motivos para no cumplir su parte, pero en tal caso, el propio acuerdo que él aceptó normalmente preverá las consecuencias de su incumplimiento y el procedimiento para efectivizarlas. Si existen lagunas o puntos poco claros, podrán recurrir a mediadores o árbitros para aclarar lo que corresponde. Siempre estarán abiertas las vías de negociación.

4. Una sociedad basada en acuerdos

La pretendida subordinación de la voluntad contractual a las disposiciones de la legislación u otro tipo de mandato coactivo, ha distorsionado el sentido mismo del derecho, que dc scr un aspecto fundamental del estudio de los fenómenos sociales nacidos de la cooperación, se convirtió en parte de la

---

equivocarse, ya sea por insuficiencia de información o mal procesamiento de ella. Por la motivación que fuera, y siempre que la coacción o el fraude no estén involucrados, la persona considera que lo que decide es mejor que las alternativas. El desarrollo de la teoría del valor subjetivo por parte de los economistas austríacos, y en especial de Ludwig von Mises, ha profundizado este punto, que es la piedra angular de la praxeología como ciencia del estudio de la acción humana.

ciencia política. Siguiendo la conocida distinción formulada por Oppenheimer, entre los medios económicos (basados en acuerdos voluntarios) y los medios políticos (basados en el uso de la fuerza), el Estado es la organización de los medios políticos. Pero ningún Estado puede llegar a constituirse hasta que los medios económicos hayan desarrollado un número suficiente de recursos como para satisfacer sus necesidades[36].

El Estado por definición no es productor sino depredador, y sólo puede prosperar donde existan condiciones suficientes para la depredación. El Estado moderno –uno de cuyos elementos es la potestad de cobrar tributos– surgió una vez que la sociedad se desarrolló suficientemente, a través de acuerdos voluntarios y un orden espontáneo de reglas. El orden social fue precondición de la existencia del Estado[37]; no fue necesario el Estado para que hubiera derecho, y su aparición alteró dicho orden, sustituyéndolo por mandatos políticos destinados a convertir a habitantes en «contribuyentes».

El derecho es un aspecto del estudio científico de la sociedad, cuya metodología y reglas se basan –como en las demás ciencias sociales– en el individualismo metodológico. Lo que pone en marcha las soluciones y discusiones de los aspectos

---

[36] Oppenheimer, Franz, *El Estado. Su historia y evolución desde el punto de vista sociológico*, Unión Editorial, Madrid, 2014, p. 42.

[37] Resulta muy interesante la visión de Hayek sobre la preexistencia de normas espontáneas en las sociedades primitivas, a partir de los estudios antropológicos. Sostenía que la idea de que la sociedad es el producto de una construcción deliberada y dirigida es especialmente clara para los estudiosos de las sociedades occidentales modernas, pero el antropólogo fácilmente concluirá que el cumplimiento de las reglas no se debía al reconocimiento de una autoridad superior (Hayek, Friedrich A., *Nuevos Estudios de Filosofía, Política, Economía e Historia de las Ideas*, Unión Editorial, Madrid, 2007, p. 18); y remarcaba que «mucho antes de que el hombre desarrollara el lenguaje hasta el punto de poder formular mandatos generales, podía un individuo ser aceptado como miembro de un grupo sólo si se adaptaba a las reglas del mismo» (Hayek, Friedrich A., *Derecho, Legislación y Libertad*, Unión Editorial, Madrid, 2014, p. 98).

jurídicos de un fenómeno social, es el contrato como expresión de la cooperación voluntaria. Por eso el contrato es la institución jurídica básica, y sobre ella podemos efectuar las siguientes consideraciones:

a. Es esencial respetar la autonomía de la voluntad contractual, con el único límite de la no-agresión. El punto de partida del estudio de la cataláctica es la praxeología, y ésta tiene un postulado básico que es que el ser humano actúa procurando pasar a una mejor situación. De allí es posible deducir, como premisa aplicable al derecho, que cada persona es el mejor juez de sus propias preferencias. Valores, alternativas, propósitos, son decididos y ordenados por cada persona y difieren de una a otra, y por ello la organización social consiste en la expresión de acuerdos voluntarios.

Desde que las escalas de valor son individuales y las acciones son voluntarias, cada persona establece sobre esa base axiológica el modo en que ordenará sus preferencias. Esta actividad no puede ser sustituida por la decisión de ninguna autoridad externa y superior a cada uno, pues de lo contrario, se obligaría a todos a actuar sobre la base de preferencias ajenas y no propias. De este principio pueden deducirse algunos corolarios:

1. Las preferencias se expresan a través de acciones concretas, promesas a futuro o acuerdos de prestaciones recíprocas entre las personas.

2. En caso de conflicto como consecuencia de estos acuerdos, cada persona decidirá, a partir del orden de sus preferencias, el modo en que efectuará sus eventuales reclamaciones.

3. Los acuerdos y reclamos se producen en un ámbito de intercambio social, en el cual se desarrollan espontáneamente acuerdos, normas generales abstractas de origen consuetudinario, e instituciones, a través de las cuáles se deciden las interacciones y se encauzan los reclamos.

4. Al escoger sus preferencias, resulta conveniente para las personas evaluar el impacto de sus decisiones sobre las reglas que ordenan las relaciones en la sociedad. De este modo, será más útil a sus propósitos relacionarse con otras personas respetando esas reglas abstractas que surgen de las normas consuetudinarias generalmente aceptadas.

5. Al decidir sus acciones, cada persona pondera su mayor o menor aversión al riesgo. Aun ante valores y metas similares, las decisiones estratégicas de cada individuo pueden variar como consecuencia de los riesgos esperados[38].

Los argumentos en favor de la libertad contractual son similares a los que se han invocado en favor de la libertad de comerciar en el mercado. El derecho es un aspecto de la discusión de los fenómenos sociales, y para las supuestas «malas decisiones» jurídicas de las personas, el proceso de mercado tiene iguales soluciones que para las «malas decisiones» económicas.

Cuando alguien decide realizar un acuerdo básico, como una compraventa o una locación, puede buscar en línea modelos estándar de estos contratos, e incluso podrá hallar recomendaciones sobre cláusulas complementarias que pueden incluirse. Ni siquiera considerará necesario recurrir a un abogado para ello. Esa persona tiene a su disposición un modelo de contrato adecuado a su necesidad; y si se propusiera investigar quién es el autor intelectual de dicho modelo, no encontraría a nadie, pues nadie lo «inventó»: es el producto de una lenta evolución, que involucró múltiples negociaciones similares en las cuáles se ensayaron distintas cláusulas, algunas de las cuales resultaron exitosas y otras fracasaron.

---

[38] Rojas, Ricardo Manuel, *Fundamentos praxeológicos del derecho*, op. cit., pp.104-105.

El contrato, como los precios, el mercado, la moneda, el lenguaje, la costumbre y otras instituciones sociales, es fruto de un proceso evolutivo en el que han intervenido innumerable cantidad de personas a lo largo del tiempo, y seguramente será modificado en el futuro con la intervención de nuevos contratantes. Lo que le da legitimidad y virtualidad a cada modelo de contrato no es tanto la perspicacia de quienes descubrieron una nueva cláusula más eficiente, como la decisión voluntaria de quienes incluyeron dicha cláusula en un contrato concreto y se comprometieron a respetarla.

Un contrato sella un acuerdo entre dos o más partes que voluntariamente aceptan los términos; y al igual que un precio, es una señal hacia el futuro vinculada con un determinado fenómeno social. Si muchos compradores y vendedores aceptan un mismo precio respecto de un bien, se suele hablar de un precio de «equilibrio». Se ha discutido sobre esta afirmación muy común en la visión económica neoclásica[39]. Siendo optimista, se podría aceptar que en caso de alcanzarse un «equilibrio» en ese sentido, éste será efímero, pues las valoraciones individuales varían frecuentemente, así como las cantidades y la relación con los demás bienes, en especial los sustitutos y los complementarios. Los precios sólo son ciertos respecto de las personas que los han aceptado y aplicado, pero tienden a ser inciertos en la interacciones futuras. Lo mismo puede decirse de los términos de los contratos.

Por eso, al igual que en el intercambio económico, las reglas jurídicas no son necesariamente las mismas para todos; las personas podrán, a través de acuerdos puntuales,

---

[39] Sobre las visiones del «equilibrio» económico, especialmente por los autores de la Escuela Austríaca de Economía, me remito a lo señalado en: Rojas, Ricardo Manuel, *La propiedad. Una visión multidisciplinaria e integradora*, Unión Editorial, Madrid, 2021, pp. 170 y ss.

decidir qué set de reglas les resulten adecuadas para cada negociación[40].

b. La autonomía de la voluntad es el origen de la creación de instituciones eficientes para afianzar la interacción humana. A partir del ejercicio de la libertad contractual, las personas descubren mecanismos que favorecen sus intercambios y reducen sus costes de transacción. Al respecto puede señalarse que:

> [...] son instituciones todos los procedimientos, reglas de conducta, acuerdos contractuales, y también organizaciones, que aparecen, crecen y se modifican a través de acuerdos voluntarios entre las personas, con el propósito de definir del mejor modo posible los derechos de propiedad y reducir los costes de transacción. En este sentido, se ha dicho que las instituciones son las reglas de juego de la sociedad, que facilitan la interacción humana[41]. Son costumbres y reglas que proveen un conjunto de incentivos o desincentivos para los individuos, e implican un mecanismo para hacer cumplir los contratos[42].

---

[40] El desarrollo de la ciencia económica a partir de la cataláctica y el individualismo metodológico, lleva a que nadie pida precios uniformes o preferidos. En general cada uno está dispuesto a pagar más o menos por el mismo producto, y no siempre se compra o vende al mismo precio. Pero la falta de aplicación de la praxeología y el individualismo metodológico al derecho, ha llevado a exigir uniformidad de reglas jurídicas impuestas coactivamente. En definitiva, la imposición de leyes con el propósito de buscar uniformidad o «igualdad» es tan nociva como la regulación estatal con el propósito de imponer «precios justos e iguales».

[41] North, Douglass C., *Instituciones, cambio institucional y desempeño económico*, Fondo de Cultura Económica, México, 1993, p. 16.

[42] North, Douglass C., «La nueva economía institucional», *Libertas* n° 12, mayo de 1990, p. 94.

[...] Precisamente las instituciones se presentan como los mecanismos que facilitan que los acuerdos cooperativos se lleven a cabo del modo más eficiente para todos, y así disminuir costes e incentivar el intercambio y la cooperación voluntaria[43].

Los contratos que forman instituciones eficientes, se reiteran y consolidan como costumbres que pueden convertirse en normas, o al menos en reglas de interpretación para la solución de conflictos. Con el tiempo son percibidas como las prescripciones que usamos para organizar las formas de interacción repetidas y estructuradas[44].

Las personas buscan permanentemente mecanismos eficientes para mejorar sus relaciones con los demás e identificar las mejores soluciones. Tal proceso evolutivo, nacido de la autonomía de la voluntad plasmada en contratos, contrasta decididamente con las normas imperativas, estáticas, que emanan de asambleas políticas.

c. La autonomía de la voluntad permite a las personas escoger entre las distintas fuentes disponibles para decidir sus contratos y resolver sus conflictos La idea de que el derecho no es una creación de legisladores ni de jueces, sino de la gente, viene de una tradición de entendimiento del orden social que, como explicó muy bien Hayek, fue desarrollada por los autores morales escoceses y Bernard de Mandeville en el siglo XVIII, y se mantuvo en una línea que llega hasta nuestros días, pasando por los aportes de Matthew Hale y su interpretación del *common law*, a través de las obras de Wilhelm

---

[43] Rojas, Ricardo Manuel, *Fundamentos praxeológicos del derecho, op. cit.*, pp. 190-191.

[44] Ostrom, Elinor, *Comprender la diversidad institucional*, Fondo de Cultura Económica, México, 2015, p. 39.

von Humboldt y Savigny en Alemania, en Inglaterra por un discípulo de Savigny, Henry Maine, hasta llegar al fundador de la Escuela Austríaca, Carl Menger, quien subrayó la importancia que para las ciencias sociales tiene la espontánea formación de las instituciones[45].

Fue Savigny quien inició la discusión doctrinaria sobre las fuentes del derecho, al vincular la elaboración espontánea del derecho con la acción de la gente. En su conocida polémica con Thibaud sobre la codificación en 1814, señaló que el derecho, al igual que el lenguaje, las costumbres y la constitución, son aspectos de un mismo fenómeno, la sociedad, y su fisonomía es dada por la gente que convive e interactúa. Las leyes, las sentencias y demás fuentes, son expresión de esa interacción social[46].

El concepto de «fuentes del derecho» ha sido poderoso para la evolución del pensamiento jurídico, aunque –como señala Ghersi– no fue sistematizado en una teoría general que aborde el tema con rigor científico[47].

> [...] podemos afirmar que no existe una teoría general de las «fuentes del derecho». Lo que hay es una suerte de taxonomía de las fuentes: clasificaciones más o menos arbitrarias y más o menos complejas, que son presentadas las unas y las otras por diferentes obras jurídicas y que son materia de argumentación y refutación por parte de los profesores de derecho[48].

---

[45] Hayek, Friedrich A., *Derecho, Legislación y Libertad*, Unión Editorial, Madrid, 2014, pp. 43-44.

[46] Savigny, Friedrich Carl, *De la vocación de nuestra época para la legislación y la ciencia del Derecho* [1814], Universidad Carlos III, Madrid, 2015, p. 18.

[47] Ghersi, Enrique, *Derecho & Economía. Estudios críticos*, Pontificia Universidad Católica del Ecuador, Quito, 2019, pp. 54-55.

[48] Ghersi, Enrique, «El carácter competitivo de las fuentes del derecho», *Revista de Instituciones, Ideas y Mercados* N.°N.° 47, ESEADE, Octubre de 2007, pp. 89-109.

Pensar en diferentes fuentes del derecho permite alejarnos de la idea de un generador único de normas, y abre la posibilidad de que las personas puedan guiarse por distintas maneras de comprender los fenómenos jurídicos. Significa reconocer que en realidad existe un mercado de soluciones jurídicas, en lugar de un monopolio estatal reducido a la legislación y todo lo que ésta permita.

5. El reclamo y los mecanismos de solución de conflictos. La jurisprudencia como fuente del derecho

Así como las personas pueden instrumentar sus acuerdos a través de contratos con las cláusulas que estimen convenientes, pueden del mismo modo elegir los mecanismos para resolver sus eventuales conflictos. Leoni ha señalado con claridad que la reclamación implica un acto de voluntad, de ahí que no sea sólo una actitud teórica[49], sino fundamentalmente práctica. La celebración y el contenido de los contratos, la realización de acciones con relevancia jurídica y los reclamos que esas acciones provoquen, son siempre actos voluntarios e individuales. Por eso la base del estudio del derecho, como de cualquier otra ciencia social, debería ser la praxeología[50].

El auge que ha tenido el empleo de mecanismos alternativos tales como mediación, conciliación o arbitraje, muestran la

---

[49] Leoni, Bruno, *Lecciones de Filosofía del Derecho, op. cit.*, p. 67.

[50] Si bien la praxeología se ha utilizado como ciencia auxiliar en la búsqueda de conocimiento universalmente válido sobre la conducta humana y su aplicación en el campo económico, el propio Mises se lamentó de que no hubiese sucedido lo mismo en otras áreas de las ciencias sociales (Mises, Ludwig, *Problemas Epistemológicos de la Economía*, Unión Editorial, Madrid, 2013, p. 48). Para una visión de la praxeología aplicada al derecho ver: Rojas, Ricardo Manuel, *Fundamentos praxeológicos del derecho*, Unión Editorial, Madrid, 2018.

creciente necesidad de garantizar el libre mercado de solución de conflictos. Estos procedimientos privados han venido contrarrestando las deficiencias del Estado para prestar el servicio de justicia en tiempo y forma, y evitan las consecuencias negativas del exceso de intervención estatal.

Por ello, es discutible la afirmación de que es función esencial del Estado impartir o administrar justicia entre los habitantes. En primer lugar, sólo una porción mínima de los conflictos que podrían dar lugar a reclamos requiere un mecanismo complejo de solución[51]. La mayoría quedan por el camino, por desinterés de las partes, acuerdos privados, o la intervención de abogados, mediadores o árbitros (en muchos casos, según mecanismos establecidos en los contratos). De los que llegan a los tribunales, una porción significativa no termina en una decisión judicial, pues las partes se ponen de acuerdo antes, a través de procedimientos de conciliación, avenimiento, etc.

La actividad de los jueces estatales está condicionada por el cumplimiento de leyes, procedimientos formales, doctrinas jurisprudenciales. Si el juez se apartara de esos parámetros cometería prevaricato, al alterar los principios de igualdad ante la ley y certidumbre jurídica que pretenden evitar la arbitrariedad en la aplicación de ese derecho uniforme. Por el contrario, las decisiones privadas se desarrollan a través de reglas aceptadas por los contendientes, guiadas en cada caso por criterios que resultan más adecuados para una solución eficiente[52].

---

[51] Rojas, Ricardo M., *La decisión judicial y la certidumbre jurídica*, Unión Editorial, Madrid, 2019, pp. 41 y ss.

[52] Aunque dos personas tengan un conflicto puntual, no significa que sean «enemigos». La dinámica de las discusiones judiciales estatales trata de convertir a las partes en enemigos y hasta utiliza lenguaje bélico: los considera «contendientes», sus presentaciones son «defensas» o «ataques». Sin embargo, no lo son y no es descartable que puedan cooperar en múl-

La pretensión de evitar el «error judicial» lleva a que las leyes dispongan no sólo procedimientos exagerados e inadecuados, sino también múltiples instancias de apelación e impugnaciones, que vuelven altamente ineficiente al sistema judicial estatal[53]. Ello hace que aun cuando se intente acelerar los juicios, luego las apelaciones insumirán años hasta que las decisiones adquieran firmeza y se las pueda ejecutar.

Por ello, a pesar del supuesto monopolio de la legalidad y la justicia, la gente recurre a distintas maneras de resolver sus reclamos en forma privada. Pero incluso en estos casos, muchas veces la ley dispone que, si alguno de los involucrados no está de acuerdo con la decisión del árbitro privado, pueda apelar ante la justicia estatal para que la revise, siguiendo procedimientos y mandatos legislativos. Esto puede desalentar el uso de tales mecanismos alternativos. Las personas involucradas en un conflicto, lo único que quieren es resolverlo del modo más eficiente posible, lo que incluye rapidez, bajo costo y una solución razonable. Difícilmente encuentren esto en un burocrático y tortuoso proceso ante jueces estatales.

Los árbitros, en cambio, no están atados a soluciones legales específicas ni tienen por misión establecer precedentes que contribuyan a generar certidumbre jurídica futura, sino que

---

tiples asuntos, incluido el que los llevó a los tribunales. Pueden acordar una solución que los deje conforme a ambos, si siguen los procedimientos adecuados.

[53] El derecho internacional ha intensificado este fenómeno, al exigir al menos dos instancias judiciales (y en el caso de condenas penales, el doble conforme). A lo que se suman los recursos extraordinarios ante tribunales superiores a nivel provincial y federal.

Así lo disponen el Pacto Internacional de Derechos Civiles y Políticos de 1966 (artículo 14.5) y el Pacto de San José de Costa Rica (artículo 8.2.h). Pero las mismas convenciones exigen que las personas detenidas y sospechadas de cometer un delito, deben ser juzgadas en un plazo razonable (Pacto de San José de Costa Rica, artículo 7.5). e produce de este modo una tensión entre dos pretensiones contradictorias.

son contratados en las condiciones que acuerdan las partes, las que pueden consensuar pautas sobre cómo se resolverán los reclamos, o pueden aceptar las reglas preestablecidas en algunas agencias arbitrales a las que ambas adhieran, o incluso negociar tales cláusulas entre sí, una vez que el conflicto se produzca[54].

Las partes pueden acordar los alcances de lo que el árbitro deberá resolver, los procedimientos a seguir, los criterios para solucionar el conflicto. De este modo, las soluciones finales respetan la voluntad de los involucrados, lo que reduce el nivel de conflictividad, al tiempo que se logra mayor eficiencia y menor riesgo. Lejos de intensificar el enfrentamiento entre ambos, se generarán incentivos para acordar todo aquello que permita llegar a una mejor solución. Cuando esto es claro, los propios abogados tienen más interés en encontrar coincidencias que en atacar a la contraparte.

No debe olvidarse que aunque en un juicio se discutan temas teóricos muy similares o que incluso parecen idénticos a otros cientos de casos que los jueces resuelven diariamente, para las partes no existen dos casos iguales, las valoraciones subjetivas puntuales los convierten en conflictos únicos para ellas, y su pretensión respecto de lo que quieren y lo que están dispuestos a ceder es personal.

Un juicio ante un tribunal estatal es un juego de suma cero. El juez debe resolver dentro de una caja, formada por las pretensiones de mínima y máxima de las partes, los condicionamientos legales –tanto formales como de fondo– y la jurisprudencia de los tribunales superiores. Su decisión consistirá en darle el 100% a una u otra parte, o repartirlo entre ambas, pero no podrá salirse de allí. Lo que uno gana, el otro lo pierde. Además, el hecho de que el pleito sea resuelto

---

[54] Rojas, Ricardo Manuel, *Fundamentos praxeológicos del derecho, op. cit.*, pp. 211 y ss.

indefectiblemente por ese tercero –el juez–, genera una cuota extra de incertidumbre sobre el resultado final.

Los procedimientos privados consensuados, en cambio, suponen salirse de la caja y echar mano a soluciones que por decisión de las partes puede exceder del reclamo concreto. Por ejemplo, el actor podrá desistir de su acción, a cambio de que el demandado lo autorice a participar en un negocio, o quite ciertas restricciones en otro, o le conceda un beneficio que no tenga que ver con el objeto de su discusión puntual. La negociación deja de ser un juego de suma cero para convertirse en un juego en el que ambos pueden ganar.

Por ello, cuando los acuerdos se producen mientras discurre un proceso judicial formal, las partes deben salirse del juicio –cuando las leyes procesales lo permiten–, y anunciarle al juez que han encontrado una solución y que no tiene más nada que resolver. Muchas veces la existencia del juicio genera incentivos para que las partes busquen esas soluciones alternativas[55].

---

[55] La diferencia entre el abogado litigante y el abogado negociador, se nota fundamentalmente en la formación universitaria. En Latinoamérica se suelen utilizar distintas expresiones para referirse a los estudios jurídicos. Se habla de Facultades o Escuelas de *Leyes*, de *Derecho* o de *Abogacía*. Los tres términos se refieren a conceptos diferentes. Ya vimos que «derecho» y «ley» no son conceptos equivalentes. Si se entiende a la «ley» como sinónimo de legislación, el concepto de «derecho» excede en mucho a la ley, ésta es sólo una de las fuentes del derecho. Por otro lado, la «abogacía» remite al arte de representar intereses jurídicos, sea al discutir cláusulas contractuales, reclamar daños, defender demandas y querellas ante los tribunales o en negociaciones extrajudiciales.

Teniendo en cuenta estos tres conceptos, las universidades pueden enfocar su enseñanza en el estudio de la legislación vigente, que es con lo que los abogados lidiarán en los tribunales; o en una noción más amplia del derecho, que incluya historia, sociología, filosofía, lógica, instituciones jurídicas, formándolos como juristas; o en la resolución de conflictos, lo que incluye negociación, economía, lógica, argumentación, estrategia, teoría de juegos, etc..

Si se vieran liberados de la aplicación de mandatos minuciosos, la tarea de los abogados se asemejaría a la de los empresarios, pues su función es similar: en el mercado de bienes y servicios, el empresario busca oportunidades para ganar dinero en un juego que no es de suma cero; en el mercado de soluciones jurídicas, el abogado busca oportunidades para llegar a una mejor solución para su cliente, en un juego que no es de suma cero. El problema básico que ambos enfrentan es la falta de conocimiento sobre la mejor solución, y el mercado es el proceso en el cual ambos podrán descubrirlo[56]. La principal habilidad que los hace buenos empresarios o abogados es su perspicacia para encontrar soluciones eficientes[57].

Las universidades se han dedicado primordialmente a preparar «expertos en legislación», no necesariamente porque crean que es lo mejor para su formación, sino porque es lo que requiere un mercado en el cual los abogados son cada vez más rehenes de la legislación vigente. Sin embargo, el interés primordial de sus clientes es obtener la mejor solución posible a su conflicto, con los menores costos en tiempo y dinero, afrontando el menor riesgo. Eso normalmente requerirá de las habilidades del negociador eficiente, más que del experto en legislación o en historia del derecho romano. Incluso en países anglosajones se ha entendido históricamente que el abogado que recurre a los tribunales para resolver un pleito ya ha tenido un primer fracaso, pues su principal labor era encontrar una solución eficiente y rápida, que sustrayéndose de la incertidumbre del juicio, proporcionara una mejor alternativa para su cliente, y probablemente también para la contraparte.

[56] Hayek, Friedrich A., *Nuevos Estudios de Filosofía, Política, Economía e Historia de las Ideas*, Unión Editorial, Madrid, 2007, pp. 227-240.

[57] Rojas, Ricardo Manuel, «Del abogado litigante al abogado negociador. Un necesario cambio de paradigma», en *Abogacía y Ética en el Siglo XXI*, FORES – Foro de Estudios sobre la Administración de Justicia, Buenos Aires, 2021, pp. 29-32.

CAPÍTULO II

LA ESTATIZACIÓN DEL DERECHO

1. ¿Cómo se produjo la estatización del derecho? La codificación

El surgimiento de la noción de soberanía y de Estado moderno, con la consiguiente acumulación de poder, terminaron subordinando al derecho como una creación de la autoridad política que se impone a los individuos a través de mandatos coactivos.

Una embrionaria expresión de este fenómeno fue la sanción del *Corpus Iuris Civilis* del Emperador Justiniano en el año 533. Frente a la crisis del Imperio, Justiniano intentó fortalecer la autoridad del derecho romano, producto de varios siglos de decisiones y opiniones de pretores y jurisconsultos, y ordenó la compilación de ese saber jurídico en un cuerpo escrito.

Si bien la intención inicial de Justiniano era recuperar y sistematizar los principios elaborados en la época de esplendor de Roma, al hacerlo provocó una «politización» del orden jurídico, desde que a partir de entonces sólo se consideró derecho válido al incluido en ese Código que la autoridad política imponía. Además, tal sistematización no fue meramente guiada por fines metodológicos, sino que el Emperador incluyó modificaciones y agregados de su propia factura, lo que quedó expresado en el Digesto, que en palabras del propio Justiniano disponía:

Mas tanta reverencia tuvimos a la antigüedad, que no hemos consentido que se alterasen los nombres de los antiguos jurisconsultos, sino que en sus propias leyes hemos inscrito el nombre de cada uno, bien que cambiando lo que nos parecía que no era acertado, en parte, suprimiendo, en parte agregando alguna cosa y eligiendo la mejor entre muchas, y dando a todas igual fuerza de autoridad, a fin de que todo lo que se ha escrito en el libro sea considerado decisión nuestra, y nadie se atreva a comparar con lo antiguo lo que ahora se hace, después que hemos conmutado en mejor muchas cosas no fáciles de enumerar [...]; y no obstante que hayamos conservado su nombre a las antiguas, hemos hecho nuestra la verdad de las leyes, de suerte que si algo había en ellas discordante –y en verdad, muchas se hallaban de este modo–, ha sido determinado y definido, y reducido a ley clara y terminante[1].

Así, el orden jurídico pasó a ser la legislación impuesta por la autoridad política. A pesar de su alegación de que sólo quería ordenar principios ya existentes, expresamente Justiniano se convirtió en la fuente exclusiva de normas[2]. Una virtud de aquel orden elaborado lentamente por pretores, juicio tras juicio, había sido su capacidad de evolucionar a partir de nuevos y mejores razonamientos, consultando una amplia gama de fuentes. Al confinar el derecho dentro de un documento,

---

[1]   *Digesto*, Libro I, Título XVII, ley 3, n° 10, según la traducción bilingüe dirigida por Ildefonso L. García del Corral, *Cuerpo de Derecho Civil Romano*, Barcelona, Jaime Molinas Editor, 1889, T. 1, p. 192.

[2]   Entre la promulgación del Código en 534 y su muerte en 565, Justiniano sancionó las *Novellae* (leyes nuevas), un conjunto de 168 leyes impuestas directamente por su autoridad política, y que fueron incorporadas como parte integrante del Digesto. De este modo quedó sellado el principio de que el derecho vigente era sólo aquel que aprobase el Emperador.

cuya autoridad fincaba en la voluntad del Emperador, esa posibilidad de seguir evolucionando quedó trunca.

Tras la caída del Imperio, los principios jurídicos contenidos en el Digesto se mezclaron con el derecho de los invasores, que produjeron una versión barbarizada del derecho romano. Sin embargo, los antiguos conceptos renacieron con los estudios de los juristas que formaron la Universidad de Bolonia a partir del siglo XII.

La pretensión de gobernantes devenidos en legisladores, llamados a recuperar los sabios postulados del derecho romano, se intensificó para finales del siglo XVIII y principios del XIX, con el proceso de codificación, convertido en una competencia entre monarcas y emperadores por preparar la legislación más minuciosa y completa, e imponerla en sus dominios[3].

---

[3] El precursor de la elaboración de un código sistemático que condensara todo el saber jurídico racional de la época fue Leibniz, quien redactó proyectos para el emperador Leopoldo I y el elector de Maguncia, que no llegaron a tener sanción en la práctica. Esta idea de codificar el derecho privado sobre el modelo del derecho romano se reintentó en 1738, cuando Federico Guillermo I de Prusia encomendó a Samuel Cocceius –profesor de derecho natural y discípulo de Leibniz y de Christian Thomasius– la elaboración de un derecho territorial «estable y eterno». Este encargo fue reiterado en 1746 por Federico el Grande al mismo autor, quien preparó un Proyecto de Código Civil –*Projet des corporis Friederíciani*–, inspirado básicamente en el derecho romano, que tampoco tuvo vigencia.

El propio Federico II encargó en 1780 la revisión del derecho prusiano al canciller von Carmer, y a través de un grupo encabezado por Carlos Teófilo Suárez, se llegó al proyecto definitivo en 1794 –*Allgemeines Landrecht für die Königlich-Preussischen Staaten*–. Este nuevo código tuvo en cuenta el derecho romano, el prusiano, así como costumbres y estatutos particulares; en él quedaron plasmadas muchas ideas iusnaturalistas –principalmente las de Wolf–, aunque técnicamente está más cerca de las viejas recopilaciones que de un código moderno. En Austria, tras el fallido intento de codificación en 1753 por la reina María Teresa y su *Codes Theresianus*, su sucesor, José II, le dio un gran impulso a la codificación. Durante su reinado, se promulgaron los códigos procesal civil (1781), penal (1787) y procesal penal

2. Elementos constitutivos del proceso codificatorio: racionalismo y voluntarismo

La codificación impulsada por los monarcas europeos, fue el producto de la combinación del racionalismo y el voluntarismo, es decir, de la noción de que el derecho es producto de una deducción lógica desde ciertos principios superiores, y que esos principios pueden sistematizarse en leyes escritas e imponerse a la sociedad por la voluntad de los gobernantes.

La explicación oficial era que los monarcas, como una forma de proteger y ayudar a sus pueblos, formaban cuerpos de expertos para que se encargaran de deducir los principios jurídicos y reunirlos en cuerpos legislativos. El motivo verdadero era que así intensificaban su poder mediante la imposición del derecho legislativo.

a. Racionalismo. La idea escolástica del derecho natural lo asociaba con principios emanados de la ley divina, que la

---

(1788). También impulsó la reforma de la legislación civil. Tras la muerte de José II, se intensificaron los estudios que culminaron en 1812 con el código civil que desplazó a la legislación anterior, al derecho romano, las costumbres y otros derechos privados territoriales.

En Francia, tras el triunfo de la Revolución, era imperativo convertir en legalidad positiva aquellos códigos de «derecho natural», elaborados deductivamente por la razón matemática en las obras de Pufendorf, Wolff y sus discípulos. Se trataba de estatizar el derecho natural, de fijar en normas precisas y sancionadas por la autoridad, los principios eternos e inmutables que la razón humana había descubierto en la «era de las luces». La obra codificadora fue preparada por las ordenaciones del canciller D'Augesseau y por las grandes sistematizaciones de Domat y Pothier. Los anteproyectos fueron varios, pero el más representativo de la mentalidad racionalista-revolucionaria fue el tercero, cuyo principal autor, Cambaceres, al presentar su proyecto a la comisión, afirmó que «nuestras leyes no serán sino el código de la naturaleza, sancionado por la razón y garantizado por la libertad» (Rojas, Ricardo Manuel, *Análisis económico e institucional del orden jurídico, Abaco*, Buenos Aires, 2004, pp. 95-96, y sus citas).

mente humana podía captar a través de la razón y decidir aquello que es más justo en cada caso. El racionalismo mermó la importancia divina de su origen, e incrementó la función de la razón como descubridora de esas normas, al punto de elaborar finalmente un sistema cerrado de derecho natural, en el cual tenía poca importancia su vinculación con Dios. Ya no estaba destinado a elaborar unos pocos principios fundamentales, sino que pasaba a ser elaboración completa de la razón humana[4].

En su vinculación con el derecho, «racionalismo» significa, en primer lugar, la pretensión de aplicar al campo de la praxis los postulados metodológicos de las ciencias exactas. El origen de esta tesis se encuentra en el sistema de Descartes, donde se impone la conclusión de aplicar a la filosofía el método de la matemática, para dotarlo de la certeza propia de ésta. Esto condujo necesariamente al intento de elaborar conceptos y categorías jurídicas mediante procedimientos lógicos, lo que sumado a la pretensión cartesiana de un conocimiento claro y distinto, generó una doctrina del derecho puramente abstracta y a-histórica, elaborada deductivamente a partir de un dato tenido como postulado[5]. Como sostuvo Villey:

> Nosotros constatamos que las grandes obras de la época moderna han cultivado efectivamente este método deductivo. Si se trata de la elaboración del cuerpo de reglas jurídicas es la edad de los sistemas tales como el de Grocio, Pufendorf, Domat [...]. Y si se trata de la aplicación del derecho en la etapa judicial, la doctrina moderna nos invita a extraer la sentencia deductivamente de las reglas de derecho, ya se

---

[4] Graneris, Giuseppe, *La filosofía del diritto nella sua storia e nei suo problemi*, Roma, 1961, pp. 88-148; citado por Massini, Carlos I., *La desintegración del pensar jurídico en la Edad Moderna*, Abeledo-Perrot, Buenos Aires, 1980, p. 73.

[5] Rojas, Ricardo M., *Análisis económico e institucional del orden jurídico, op. cit.*, pp. 89-90.

encuentren codificadas en las grandes obras de doctrina, ya puestas en los textos de las leyes por voluntad más o menos arbitraria del legislador[6].

El punto de partida de Leibniz era la certeza del derecho. Para lograrla, era necesario analizar los conceptos jurídicos hasta llegar a su configuración inicial expresada en una proposición, de forma lógica (sujeto, cópula y predicado). A partir de estas proposiciones primigenias, se extraen los nuevos conceptos mediante la combinación de los diversos sujetos y predicados (*ars combinatoria*), lo que da lugar a la formación de un sistema. A través de este método, Leibniz creyó estar en condiciones de afirmar que ningún caso quedaría sin solución, pues ésta siempre es factible por medio de las posibilidades combinatorias del sistema[7].

El racionalismo jurídico moderno ha buscado encarar en forma metódica la construcción del edificio jurídico, probando con cuidado todos los eslabones del razonamiento para llegar a resultados seguros. El método de deducción desde principios racionales, guiado por las reglas de la lógica, concluye en una estructura rígida e inmutable hasta en las aplicaciones más detalladas[8].

En su intento por lograr la certeza absoluta, con validez en todo tiempo y lugar y que fuera exclusivo producto de la razón, se partió de algún elemento apriorístico considerado constitutivo de la naturaleza humana. Fue la sociabilidad para Grocio, o la *imbecilitas* para Pufendorf. De estos axiomas dedujeron su

----

[6] Villey, Michel, «Questions de logique juridique dans l'histoire de la philosophie du droit», en *Logique et Analyse*, n° 37, Paris, 1967, p. 6; citada por Massini, Carlos I., *op. cit.*, p. 18.

[7] Guzmán Brito, Alejandro, *La fijación del derecho*, Ediciones Universitarias, Valparaíso, 1977, p. 83.

[8] Batiffol, Henri, *Filosofía del derecho*, Eudeba, Buenos Aires, 1964, pp. 53-54.

sistema jurídico, llevándolo hasta los últimos detalles a través de la legislación. Los autores llenaron numerosos volúmenes con sistemas de «derecho natural», como los nueve tomos en los que Christian Wolf desarrolló lo que para él era un código de derecho completo y perfecto. Estos extensos tratados serían los precedentes ideológicos de la codificación decimonónica.

Como explica Villey estos intentos estaban llenos de paralogismos y peticiones de principios, ya que no se ve cómo puede deducirse de la indigencia del hombre que el plazo para apelar una sentencia sea de diez días y no cinco[9]. Sin embargo, la pretensión de precisión y exactitud científica que se ofrecía desde el discurso racional, era el argumento perfecto para la posterior imposición política de estas normas.

b. Voluntarismo. El voluntarismo contribuyó notablemente a imponer la supremacía de la ley positiva, al proponer que las normas fundamentales para organizar una sociedad o establecer las reglas del derecho emanan de la voluntad de algún órgano o persona: sea el príncipe, el pueblo o el legislador. Su voluntad, encarnada en las palabras de la ley, es lo que crea el derecho[10].

Desde Francisco Suárez hasta Rousseau, el voluntarismo contribuyó enormemente a reducir el ámbito de lo jurídico a las normas emanadas de la voluntad del legislador. Para Suárez, la ley dejó de ser algo propio de la razón, para convertirse en un acto de voluntad política.

> En Suárez la razón perdió su carácter normativo: ya no dicta el orden del Bien; no puede más que conocerlo especulati-

---

[9] Villey, Michel, *Seize essais de philosophie du droit*, Dalloz, Paris, 1969, p. 269; citado por Rojas, Ricardo Manuel, *Análisis económico e institucional del orden jurídico, op. cit.*, pp. 90-91.

[10] *Op. cit.* Ibíd., p. 91.

vamente. La voluntad toma su lugar, desplazando a la razón para dar a la ley su forma normativa[11].

Cuando en *De Legibus* consignó Suárez que la ley «consiste en el propio legislador, en un acto de su voluntad recta y justa», abrió el camino que habría de llevar a la definitiva afirmación rousseauniana de que las leyes «son actos que emanan de la voluntad general», sin que pueda preguntarse si son justas o no[12].

Pueden encontrarse sesgos voluntaristas en autores como Hobbes o Spinoza:

> El derecho es, para cada súbdito, aquellas reglas que el Estado le ha ordenado de palabra o por escrito o con otros signos suficientes de la voluntad, para que las utilice en distinguir lo justo de lo injusto, es decir, para establecer lo que es contrario y lo que no es contrario a la ley[13].
>
> La ley que depende de una necesidad natural es la que resulta necesariamente de la propia naturaleza o de su definición; la que depende de la voluntad de los hombres es la que los hombres establecen para comodidad y seguridad de su vida o por otras razones semejantes; en este último caso se llama propiamente «el derecho»[14].

El voluntarismo ha logrado combinar el poder y la fe dentro de la noción de «voluntad general», fortaleciendo de ese modo la autoridad de quien conduce esa voluntad. Grocio, Pufendorf y otros fueron teólogos protestantes, herederos, a

---

[11] André-Vicent, Philippe, *Génesis y desarrollo del voluntarismo jurídico*, Ghersi, Buenos Aires, 1978, p. 25.
[12] Massini, Carlos I., *op. cit.*, p. 34.
[13] Hobbes, Thomas, *Leviathan*, Tecnos, Madrid, 1976, T. II, p. 26.
[14] Spinoza, Baruch, *Tratado teológico-político*, IV, Tecnos, Madrid, 1966, cit. por Massini, Carlos I., *op. cit.*, p. 31-32.

través de Lutero, del voluntarismo *occamista*, y encararon una unión del voluntarismo de origen teológico con el racionalismo humanista.

En el terreno del derecho, el iluminismo jurídico se caracterizará por una actitud racionalista hacia el derecho natural y una actitud voluntarista hacia el derecho positivo[15].

Es la fe en el hombre como portador de la razón, y la fe en el poder omnímodo del legislador en cuanto le es dado transformar la razón en ley escrita e igual para todos, la verdadera causa determinante del Código. El Estado, el legislador, todo lo pueden; se proponen hacer ciudadanos felices, arrancar al hombre del viejo orden que se ha derrocado e insertarles en un nuevo orden que le confiera sus derechos y sus libertades. Pues bien, para ello, transcurrido el momento precursor de la filosofía y sobrepasado también el momento activo de la lucha política, el instrumento adecuado es éste: la ley. Exponente perfecto y acabado de la misma, es el *Code*, la razón escrita. En él se reunía y agotaba todo el derecho civil[16].

Ambos elementos se encuentran presentes en la doctrina positivista moderna, en la cual descansa la supremacía de la legislación. El padre del positivismo jurídico del siglo XX, Hans Kelsen, ha invocado sucesivamente a ambas como el fundamento del orden jurídico. Reivindicó inicialmente la tradicional visión racionalista en la *Teoría Pura del Derecho*, concibiendo al orden jurídico como un sistema lógico, completo, en el que no existen «lagunas» pues el propio razonamiento es apto para cubrirlas[17].

---

[15] Zuleta Puceiro, Enrique, «Razón y codificación», en *Anuario de Derecho Civil*, J.N.E.J., Madrid, 1977, p. 561.

[16] Hernández Gil, Antonio, *Metodología de la ciencia del derecho*, Tecnos, Madrid, 1971, p. 79.

Durante el resto de su vida continuó evaluando estos postulados, respecto de los cuales experimentó una evolución. Así se llegó a su *Teoría General de las Normas*, obra preparada por un discípulo y publicada seis años después de su muerte, donde entre otros temas, Kelsen parece abandonar su posición racionalista, para entender que el fundamento final de la norma es la voluntad de quien la emite. Reafirma la separación del derecho y la moral, no existen cuestiones vinculadas con la verdad o falsedad, ni con la justicia o injusticia, sino que lo que realmente interesa es la validez, esto es, que la norma sea sancionada siguiendo los procedimientos políticos adecuados[18].

3. La legislación como fuente primaria del derecho

El racionalismo y el voluntarismo terminaron reduciendo la discusión jurídica a desentrañar la esencia de las leyes y el espíritu del legislador. Allí se encuentra expresada la fuente del derecho. De modo que los métodos de interpretación debían relacionarse con el descubrimiento de la voluntad del «legislador»[19]. El juez es sólo un apéndice de la ley, aplicador mecánico y fiel de sus preceptos, conforme la sentencia de Montesquieu: «El juez es un ser inanimado que repite las palabras de la ley»[20].

Por ello, la discusión sobre las fuentes del derecho ha girado en la historia reciente alrededor de la fuerza o autoridad que

---

[17] Kelsen, Hans, *Teoría Pura del Derecho* [1934], EUDEBA, Buenos Aires, 2009.

[18] Kelsen, Hans, *Teoría General de las Normas* [1979], Ed. Trillas, México, 1994.

[19] Rojas, Ricardo Manuel, *Análisis económico e institucional del orden jurídico*, *op. cit.*, p. 92.

[20] Citado por Massini, Carlos I., *op. cit.*, p. 32.

poseen para su reconocimiento político. La supremacía de la legislación como fuente primaria y casi excluyente, relegó la discusión sobre otras, tales como la jurisprudencia, la costumbre, la doctrina, la lógica –incluyendo el análisis económico–, la argumentación jurídica, la voluntad contractual, etc., al papel de fuentes auxiliares o secundarias, en tanto sean admitidas en la legislación o la complementen[21].

La discusión contemporánea sobre fuentes del derecho se ha visto condicionada por dos conceptos en los que descansa la supremacía de la legislación, cuya relevancia jurídica probablemente deba ser reexaminada:

1. *La igualdad ante la ley.* Se supone que dicho principio requiere una caracterización objetiva de lo que puede o no ser invocado como derecho, y que se aplique de manera igual, en igualdad de circunstancias.

2. *La certidumbre jurídica.* Este principio requiere que las personas estén en condiciones de conocer cuál será el derecho aplicable, para facilitar las decisiones personales y poder prever sus consecuencias.

La concepción del derecho como un orden impuesto por el monopolio legislativo se reforzó en la medida en que ambos principios reafirmaron la idea de que el derecho debe estar escrito minuciosamente en legislación emanada de una asamblea política. La competencia de fuentes jurídicas, sobre la base de una visión policéntrica de la creación de reglas, apunta mortalmente al corazón de esa idea.

En ausencia de ese monopolio político de reglas, la elección de las fuentes del derecho y los criterios de solución de conflictos deberían ser cuestiones decididas por las personas,

---

[21] Ross, Alf, *Teoría de las fuentes del Derecho*, Centro de Estudios Políticos y Constitucionales, Madrid, 2022.

sea al negociar sus contratos o al formular sus reclamos. Es revelador observar que mientras pensamos que existe tal monopolio normativo, en la vida cotidiana actuamos a partir de relaciones voluntarias que se rigen por reglas diferentes. Contratamos el seguro del automóvil o de vida aceptando cláusulas adhesivas voluntarias, que prevén además la forma de solucionar los reclamos a través de mecanismos arbitrales establecidos en los propios contratos; lo mismo hacemos con nuestro fondo de pensión, la contratación de servicios básicos, un seguro de salud, el colegio de nuestros hijos, la inversión de nuestro dinero, las compras en el supermercado, la oferta laboral o de servicios profesionales, etc. Cada uno de esos contratos reconoce fuentes jurídicas y mecanismos de solución particularizados, que pueden basarse en criterios jurídicos diversos, y que sin embargo son aceptados voluntariamente. Por otra parte, en la interacción con vecinos o compañeros de trabajo, respetamos ciertas reglas de convivencia nacidas de la costumbre, sabiendo que su violación nos acarrearía graves consecuencias, incluso de naturaleza jurídica.

Organizamos nuestra vida a través de negociaciones con operadores diferentes, sometidas a reglas distintas surgidas de contratos preparados por abogados cuya identidad desconocemos, y cada una con su particular mecanismo de solución de conflictos. Esos acuerdos, contratos de adhesión, mecanismos de mediación, reglas de convivencia, se originan en fuentes jurídicas distintas, elegidas o aceptadas voluntariamente, y que no fueron diseñadas por una autoridad pública centralizada.

Sin embargo, en algún momento todo eso choca con la imposición superadora de un orden basado en legislación, que incluso reconociendo la libertad contractual, podrá imponer cláusulas obligatorias o restricciones en nombre del «orden público». Cuando esas imposiciones son abusivas, la gente tiende a irse hacia la informalidad. Del mismo modo que ocurre con las transacciones comerciales, la medida del mercado jurídico informal es directamente proporcional a las trabas impuestas por el Estado a la libertad contractual.

Por ello, la idea de un monopolio estatal de la legalidad es, en la práctica, una fantasía tan impracticable como el monopolio estatal de los precios. Lo que sí ocurre es que el Estado utiliza la fuerza como *ultima ratio* del orden jurídico, es decir, permite la libertad de contratación para asuntos domésticos, pero impone sus soluciones monopólicas y sanciones en los asuntos que considera importantes, a los que pondrá bajo el paraguas del «orden público». Ello permite dar la sensación de que el gobierno regula todo, cuando en realidad interviene sólo en lo que le interesa.

Frecuentemente la legislación utiliza fórmulas vagas y genéricas, consagrando la libertad contractual o la supremacía de un derecho individual, pero sólo en la medida en que no altere principios impuestos por ley que luego son caprichosamente interpretados según la conveniencia de la autoridad, tales como el «interés público», el «bien común», la «moral pública», etc.[22]

---

[22] Por ejemplo, si se observa el artículo 544 del Código Civil Francés de 1804, consagra a la propiedad como «el derecho de gozar y disponer de las cosas de la manera más absoluta, con tal de que no se haga de ellas un uso prohibido por las leyes y los reglamentos». Quien se concentra en la primera parte, pensará que se protege absolutamente el derecho de propiedad; quien lo analiza completo, verá que la segunda parte establece un poder restrictivo de la propiedad en manos del legislador regulador que puede perfectamente anular el derecho.

Esta redacción se entiende desde la conveniencia política. Servía a los fines de la revolución francesa la consagración amplia del derecho de propiedad, para eliminar los privilegios del antiguo régimen y facilitar la transferencia de la propiedad al pueblo, pero luego sería muy útil el poder reglamentario para restringir esa propiedad, una vez en manos de las personas comunes (ver en este sentido: Rojas, Ricardo Manuel, *La propiedad. Una visión multidisciplinaria e integradora*, Unión Editorial, Madrid, 2021, p. 131).

El orden público es visto como el conjunto de normas y principios impuestos por encima de la libertad contractual, con el fin de preservar valores vinculados con lo que se considera de interés de la sociedad, que deben prevalecer sobre los individuales. Es un concepto elaborado con un pie en la política y otro en el derecho.

La política ha sido entendida como la ciencia que tiende a configurar al Estado y sus elementos constitutivos en razón de su finalidad[23], lo que fue vinculado al interés general, el bien común o el bienestar de la sociedad, en cuya protección se basa el poder estatal de detentar el monopolio o *última ratio* del orden jurídico:

> No existe ni ha existido jamás una organización social carente de una mínima estructura de gobierno a la que se confíe la protección y satisfacción de los intereses comunes a todos los miembros de aquella[24]. Este bien común constituye el elemento esencial de la vida política entendida como actividad al servicio de la colectividad. Se traduce en el fin último de la sociedad civil, otorgando de significado al ordenamiento jurídico como elemento instrumental del poder e inspirando la actividad del gobernante. El orden y la seguridad personal serían los fines prioritarios que asume el Estado[25].

Esta idea de hacer fincar ese poder normativo en la necesidad de mantener el orden y buscar el bien común, ha sido

---

[23] Sánchez Agesta, Luis, *Derecho político*, Ed. Prieto, Granada, 1951, p. 46.
[24] Santamaría Pastor, Juan Alfonso, *Principios de Derecho Administrativo General*, Ed. Iustel, Madrid, 2009, p. 25.
[25] Molas, Isidre, *Derecho Constitucional*, Editorial Tecnos, Madrid, 2008, p. 21. Montalvo Abiol, «Concepto de orden jurídico en las democracias contemporáneas», *Revista Jurídica de la Universidad Autónoma de Madrid*, n.º 22, 2010-II, pp. 197-222.

inoculada por la ciencia política al derecho, justificando la asimilación del derecho a una función o atribución del Estado.

Mientras tanto, en el ámbito cada día más acotado que queda fuera de esa *última ratio*, las personas tratan de aprovechar un abanico de posibilidades para llevar a cabo sus acuerdos, establecer las cláusulas de sus contratos y resolver sus conflictos. El mercado de normas jurídicas no se diferencia de cualquier otra expresión del proceso de intercambio. La estatización del derecho, en definitiva, tiene las mismas consecuencias que la estatización del mercado, y por ese camino se llega a aceptar que no puede ser otro más que el Estado quien establezca las normas generales y uniformes.

El dogma de la soberanía popular expresada a través de la voluntad general conduce a la aplicación mecánica de los códigos por el juez. La función del juez no se limita a adaptar, lo más fielmente posible, la voluntad del legislador al caso concreto. Sólo la voluntad general puede ser fuente de normas de conducta social; la voluntad –y mucho menos la razón– del juez no tiene relevancia y su tarea se reduce a descubrir el querer del legislador. De allí la doctrina largamente enseñada, acerca de la necesidad de indagar la voluntad del órgano legislativo cuando ella no aparece clara en la norma. La ley debe ser mantenida en su integridad y aplicada fielmente a toda costa; si el texto es oscuro o contradictorio, se establece una serie de procedimientos destinados a develar cuál es, para ese caso, el querer del representante de la «voluntad general»[26].

Podemos encontrar estos fundamentos voluntaristas en las distintas líneas jurisprudenciales elaboradas por los jueces, tendientes a interpretar y aplicar el derecho en sus tribunales. Siguiendo esta filosofía, la Corte Suprema de Argentina ha resuelto que en materia de interpretación de la ley, constituye una regla de fundamental importancia procurar el cumplimiento de

---

[26] Massini, Carlos I., *op. cit.*, p. 62.

la voluntad del legislador (Fallos: 182:486; 184:258; 200:165; 291:359), para lo cual aquélla debe practicarse computando la totalidad de sus preceptos (Fallos: 255:360; 261:89; 267:478), y aun prescindiendo de las posibles imperfecciones técnicas de su instrumentación (Fallos: 206:176; 259:63; 265:336; 282:236). Esta regla se basa en el hecho de que es misión de los jueces dar pleno efecto a las normas vigentes sin sustituir al legislador, y sin juzgar sobre el mero acierto o conveniencia de las disposiciones adoptadas por él en ejercicio de sus propias facultades (Fallos: 302:973; 304:1007; 308:1745; 322:752).

Para descubrir esa voluntad, la Corte puede consultar los antecedentes parlamentarios (Fallos: 323:3386), incluyendo los debates en el recinto (Fallos: 211:168), que permiten detectar la interpretación auténtica de la norma (Fallos: 313:1333), especialmente cuando se trata de una cláusula constitucional (Fallos: 319:3264). También debe consultarse la exposición de motivos de la ley, que es un valioso criterio interpretativo acerca de la intención de sus autores (Fallos: 316:1793; 318:2894), así como los despachos de las comisiones legislativas o constituyentes y la exposición de su miembro informante (Fallos: 33:248; 100:337).

Como explica Sagüés, en ocasiones la Corte ha asimilado las expresiones «espíritu de la ley», «voluntad del legislador», «intención del legislador» y «espíritu de la norma». De este modo, se advierte en el lenguaje de la Corte una triple cuasi-identificación: voluntad de la ley, voluntad del legislador y fin de la regla jurídica[27].

Por este camino se ha generado el mito del «legislador perfecto», donde se agregan componentes racionalistas, expresado en los siguientes criterios enunciados por la Corte:

---

[27] Sagüés, Néstor P., «Interpretación constitucional y alquimia constitucional (el arsenal argumentativo de los tribunales superiores)», en *140 años de la Corte Suprema de Justicia de la Nación*, J.A., t. 2003-IV, fascículo 9, 26 de noviembre de 2003, p. 65.

a) la inconsistencia o falta de previsión del legislador no se presumen (Fallos: 316:1321; 324:3876); b) el legislador no utiliza términos superfluos o redundantes, sino que todos ellos son empleados con algún propósito (Fallos: 324:2780); c) no puede presumirse que el legislador sancione cláusulas inútiles, pensadas para no tener efecto (Fallos: 311:460); d) la Constitución no puede ser entendida sino como un todo o estructura coherente (Fallos: 315:71; 320:74).

Finalmente, aun cuando la preponderancia de la ley escrita se basó originariamente en su mayor racionalidad, con el tiempo y el incremento del poder político la visión voluntarista ha primado, y por ende la búsqueda de la voluntad del legislador se impone sobre la letra de la ley, no obstante que la Corte haya intentado conciliar ambos criterios, aun reconociendo la supremacía del primero. Así, ha dicho que no se trata de desconocer las palabras de la ley sino de dar preeminencia a su espíritu, a sus fines (Fallos: 312:111); que si bien la primera regla de interpretación es dar pleno efecto a la intención del legislador, la primera fuente para determinar esa voluntad es la letra de la ley (Fallos: 322:2321), pues para respetar la voluntad del legislador, cabe estar a las palabras que él ha utilizado (Fallos: 321:2010). Así, la Corte distinguió entre la primera regla de interpretación –la voluntad del legislador– y la primera fuente para conocer dicha voluntad, que son las palabras de la ley[28].

4. El Estado moderno y la politización del derecho. El orden jurídico como expresión de la soberanía

La legislación escrita impuesta por la autoridad política se extendió con la noción moderna de Estado, una de cuyas expresiones fundamentales fue el reconocimiento de la sobe-

---

[28] Sagüés, Néstor P., *op. cit.*, p. 66.

ranía, concepto al cual Jean Bodin dio un concreto sentido jurídico-político[29], y cuyas características fueron evolucionando con el discurrir de la ciencia política[30].

El elemento distintivo de la soberanía es que se trata de un poder que no se deriva de ningún otro, sino que procede de sí mismo y de su propio derecho, de forma tal que el Estado exhibe un poder originario y medios coercitivos para dominar sobre su territorio y sus habitantes, conforme a un orden jurídico y político que le es propio[31]. De allí se deriva necesariamente que no podría existir esa soberanía del Estado, si no se reconociera como expresión de su poder la facultad de establecer coactivamente las normas de convivencia dentro de su territorio.

Existen tres elementos que son esenciales para garantizar la existencia del Estado: a) monopolio de la fuerza; b) monopolio normativo; c) poder tributario. Es decir que para que pueda llevar a cabo su labor, necesita estar legitimado para usar la fuerza sobre las personas a fin de imponerse legalmente, establecer las normas de convivencia, a las que hará cumplir utilizando esa misma fuerza, y poder tomar de los habitantes los recursos necesarios para mantenerse.

A partir de entonces, el derecho dejó de ser un aspecto del estudio social vinculado con la formación de acuerdos y la solución de conflictos a partir de reclamos, para convertirse en un instrumento del poder estatal de ejercicio de la soberanía.

[29] Bodin, Jean, *Los seis libros de la República* [1576], Ed. Tecnos, Madrid, 1985.
[30] Heller, Herman, *La Soberanía: contribución a la Teoría del Derecho estatal*, Fondo de Cultura Económica, México, 1996, pp. 122 y ss.; Jellinek, Georg, *Teoría General del Estado*, Fondo de Cultura Económica, México, 2000, p. 242.
[31] Jellinek, Georg, *op. cit.*, pp. 367-368.

5. El fallido intento de limitar el poder legislativo del Estado

A partir de la experiencia norteamericana, el constituciona-lismo se propuso organizar gobiernos con poderes limitados, destinados a proteger los derechos. El modelo norteamericano tuvo la ventaja inicial de que no existían en esa región poco habitada instituciones autoritarias arraigadas, y la tradición del derecho común anglosajón (*common law*) apartaba a las autoridades políticas de la elaboración del derecho, que era un asunto discutido en los tribunales[32].

En ese contexto, la Constitución fue vista fundamentalmen-te como una limitación al poder del gobierno, al establecer taxativamente sus facultades, que forman el marco restringido de su autoridad. Sin embargo, la Constitución norteamericana abrió la puerta para la creación política de normas a través de la legislación federal, al tiempo que se intensificaban este tipo de normas en las legislaturas estaduales.

Hace más de medio siglo, Friedrich A. Hayek iniciaba una de sus obras más conocidas admitiendo el fracaso de la limitación al poder que proponía el modelo constitucional norteamericano:

> Cuando Montesquieu y los padres de la Constitución nor-teamericana articularon la concepción de una constitución limitadora que se había desarrollado en Inglaterra, establecie-

---

[32] Durante la lucha por la independencia, los revolucionarios nortea-mericanos abogaban por mantener el sistema jurídico inglés, al entender que el *common law* había desarrollado la correcta definición y protección de los derechos individuales. Así, la Declaración de Derechos del Congreso Continental de 1774, reunido cuando las relaciones entre Inglaterra y las colonias estaban en un punto crítico, estableció en su artículo 5°: «Que las respectivas colonias tienen derecho al *common law* de Inglaterra y, más especialmente, al grande e inestimable privilegio de ser juzgados por sus iguales en la vecindad, de acuerdo con el procedimiento de esa ley».

ron un modelo al que el constitucionalismo liberal ha venido conformándose desde entonces. Les animaba, sobre todo, la idea de proporcionar una adecuada salvaguardia institucional a la libertad individual, sirviéndose para ello del artificio de la separación de poderes. En la forma en que nosotros la conocemos, esta división de poderes entre los órganos legislativo, judicial y administrativo no ha permitido ciertamente alcanzar los objetivos deseados. Todos los gobiernos han logrado, por medios constitucionales, hacerse con los poderes que aquellos hombres precisamente pretendían negarles. Es evidente que el primer intento de garantizar la libertad individual por medio de constituciones ha fracasado.

El constitucionalismo significa gobierno limitado. Pero la interpretación que se hace de las fórmulas tradicionales del constitucionalismo ha hecho posible reconciliarlas con una concepción de la democracia según la cual ésta es una forma de gobierno en la que la voluntad de la mayoría sobre cualquier objeto particular es ilimitada[33].

Casi al mismo tiempo, decía Mises en su última conferencia en Buenos Aires:

El sistema constitucional que comenzó a finales del siglo XVIII y principios del XIX ha desilusionado a la humanidad. La mayor parte de la gente y la mayor parte de los autores que se ocuparon de este asunto parecen pensar que no ha existido conexión alguna entre el lado económico y el lado político del problema. Así es que tienden a ocuparse mucho del deterioro del sistema parlamentario –el gobierno ejercido por los representantes del pueblo– como si este fenómeno fuera completamente independiente de la situación económica y

---

[33] Hayek, *Friedrich A., Derecho, Legislación y Libertad,* Unión Editorial, Madrid, 2006, p. 15-16.

de las ideas económicas que condicionan las actividades de la gente. Pero tal independencia no existe. El hombre no es un ente que, por un lado, tiene una parte económica, y por el otro, una parte política, sin conexión alguna entre ambas. De hecho, lo que se denomina deterioro de la libertad, del gobierno constitucional y de las instituciones representativas, es la consecuencia del cambio radical en las ideas económicas y políticas. Los acontecimientos políticos son la consecuencia inevitable del cambio en las políticas económicas[34].

Uno de los principales problemas que conspiró contra el principio de la división de poderes fue la politización del derecho. En definitiva, el Congreso sanciona leyes que el Ejecutivo reglamenta y el Judicial aplica. Al convertirse la legislación en un elemento esencial de poder y gobierno, los tres órganos terminaron complementándose en la creación y aplicación de esa legislación, y entre los tres diseñaron un artefacto de poder estatal muy peligroso. El problema se advirtió con mayor rapidez en aquellos países que implementaron constituciones según el modelo norteamericano, pero tratando de combinarlas con la tradición jurídica continental, que ya reconocía la supremacía del derecho escrito impuesto por la autoridad política.

La pretendida convalidación democrática de las decisiones (por elección mayoritaria), no resuelve el problema. La supuesta «representación» de los elegidos, que fue entendida originariamente como un mandato en el cual los representantes actúan siguiendo expresas instrucciones de los mandantes, nunca existió como tal, y su seriedad fue cuestionada desde hace siglos en la teoría política[35]. Los políticos desarrollan sus

---

[34] Mises, Ludwig, *Política Económica. Seis lecciones sobre el Capitalismo,* Unión Editorial, Madrid, 2007, p. 112.

[35] En su contundente crítica a la democracia, Jason Brennan señala que justificar la democracia implica justificar que tanto los problemas a ser resueltos como las soluciones, serán propuestas y luego impuestas de

campañas para conseguir la mayor cantidad de votos, pero una vez elegidos, actúan siguiendo sus propios criterios, no instrucciones específicas de sus mandantes. Es incluso evidente que en comunidades numerosas la idea del mandato es inaplicable, pues supone que un mismo funcionario debería «representar» a millones de personas con objetivos, valores e intereses diferentes e incluso contrapuestos. En esas condiciones sería imposible descifrar cuál es el verdadero «mandato».

Por lo demás, la pretensión colectivista de que quien gobierna es el «pueblo», que se expresa en la decisión individual de emitir cada voto, también encierra una falacia. En una comunidad donde coexisten decenas de millones de votantes, un voto carece de incidencia sobre el resultado final. Si una persona vota o se queda en su casa, o si vota por Juan o por Pedro, resultará irrelevante en el resultado de la elección. En esos casos importa un millón de votos no un voto; y por ello, existen fuertes incentivos para que los políticos recurran a argumentos demagógicos para lograr bolsones de votos en lugar de convencer uno por uno a los electores con argumentos racionales[36].

Frente a esa situación, tanto desde la teoría como en la aplicación práctica se discuten nuevos modelos de organización que permitan un más amplio ámbito de ejercicio de los derechos individuales, de la libertad de acción y la propiedad privada, como motores del florecimiento personal, para lo cual promueven formas de limitar adecuadamente las atribuciones del Estado.

El poder creciente de los Estados ha impedido el desarrollo de relaciones basadas en acuerdos libres y voluntarios. Como

---

manera uniforme por alguna autoridad, lo que supone justificar que algunas personas tengan derecho a imponer sus decisiones a los demás o que incluso es legítimo imponer a otros decisiones adoptadas de manera incompetente (Brennan, Jason, *Contra la Democracia,* Ed. Deusto, Barcelona, 2014, p. 44).

[36] Rojas, Ricardo Manuel, *Individuo y Sociedad, op. cit.*, p. 257.

señaló de Jasay, por consecuencia de su origen artificial el Estado es un accidente histórico al cual las personas tratan de adaptarse[37], y esa adaptación forzada las lleva a someterse a la discrecional decisión de un puñado de personas que manejan el monopolio legal. Al enunciar su manifiesto libertario a principios de los años 1970, Rothbard fue categórico al señalar que la existencia misma del Estado es el punto de partida de toda forma de autoritarismo moderno:

> Para los libertarios el Estado es el agresor supremo, el eterno, el mejor organizado, contra las personas y las propiedades del público. Lo son *todos* los Estados *en todas* partes, sean democráticos, dictatoriales o monárquicos, y cualquiera sea su color[38].

Las prácticas intervencionistas han tenido múltiples fundamentos a lo largo de la historia: los gobiernos intervienen por motivos ideológicos vinculados con la imposición de determinados valores (igualdad, derechos sociales, reivindicaciones concretas o prevalencia de principios éticos); económicos, fundados en la necesidad de reparar ciertas «fallas del mercado»; psicológicos, que distorsionando las enseñanzas del *behavioral economics* pretenden suplir por decisiones legislativas las fallas del conocimiento y los sesgos del comportamiento; e incluso por motivos estrictamente políticos (favorecer o perjudicar a determinados sectores).

---

[37] De Jasay, Anthony, *El Estado. La lógica del poder político*, Alianza Universidad, Madrid, 1985, p. 45. Sostenía el autor húngaro que la pasiva aceptación de esta situación se ha debido, en buena medida, a que mucha gente cree erróneamente que el Estado es necesario porque siempre ha existido (ibid).

[38] Rothbard, Murray N., *Hacia una nueva libertad. El Manifiesto Libertario*, Unión Editorial, Madrid, 2013, p. 64.

Mises se encargó de desmenuzar el fenómeno del intervencionismo, considerando a la «intervención» como una disposición particular por la cual el gobierno obliga a las personas a ejercer y disponer de sus derechos de propiedad de un modo distinto de cómo lo harían si esa norma no existiera[39].

> El «intervencionismo», entonces, puede ser definido como el modelo de gobierno basado en un sinnúmero de acciones estatales irregulares, decididas de manera discrecional sin atenerse a reglas generales abstractas superiores, y que suponen avanzar sobre los derechos individuales en la forma de mandatos o prohibiciones [...].
>
> En tal esquema, lejos de prevenir las perturbaciones que puedan surgir de los intercambios en el mercado, es el gobierno mismo el que con sus intervenciones puntuales, ordena, interfiere y prohíbe[40]. Millones de finalidades o propósitos individuales, persiguiendo valores personales, en uso de capacidades y conocimientos dispersos, son sustituidos por la decisión centralizada con una única finalidad, e impuesta compulsivamente a personas que deberán sufrir las consecuencias de los errores del interventor[41].

Tal intervencionismo se produce por medio de mandatos legislativos, a través de los cuáles el gobierno sustituye por su propio poder, el orden social que espontáneamente se forma a través de las conductas de los individuos ejerciendo su libertad y propiedad. A partir del reconocimiento de esa facultad de

---

[39] Mises, Ludwig, *Crítica del intervencionismo (El mito de la tercera vía)*, Unión Editorial, Madrid, 2001, p. 43.

[40] Mises, Ludwig, *Crítica del intervencionismo (El mito de la tercera vía)*, *op. cit.*, p. 259.

[41] Rojas, Ricardo Manuel – Rondón García, Andrea, *La supresión de la propiedad como crimen de lesa humanidad,* Unión Editorial, Madrid, 2019, pp. 65-66.

intervenir, a la que se caracteriza como el orden jurídico en sí mismo, será prácticamente imposible poner límites seguros al avance del poder estatal sobre los derechos individuales.

6. El «caso» como límite a la jurisdicción del juez. El problema de los precedentes generales obligatorios

Es propio de los jueces o árbitros resolver reclamos individuales que las partes presenten a su decisión. Tales reclamos y sus respuestas constituyen el límite a jurisdicción. El desarrollo de la jurisprudencia a partir de esas sentencias, es un proceso evolutivo similar al del comercio, la formación del lenguaje o de principios morales. En dicho proceso los criterios elaborados en sentencias previas compiten con otros, en una confrontación a través del razonamiento crítico.

Tales precedentes se imponen por la autoridad de sus argumentos, al resistir las críticas y demostrar su eficiencia, y no por la fuerza de la autoridad de la cual emanan. De hecho, cuando son superados por nuevos criterios, dejan de aplicarse como fuente jurídica. De allí la crítica de varios autores respecto de la existencia de cortes supremas con la facultad de imponer su doctrina en forma obligatoria a los tribunales inferiores. Sostenía Leoni en párrafos agregados a la segunda edición de *La Libertad y la Ley*:

> [...] No se puede negar que la jurisprudencia o el derecho de los juristas pueden tender a adquirir las características de la legislación, incluso su parte indeseable, cuando los juristas o los jueces pueden decidir de una vez y para siempre un caso. Algo así parece haber ocurrido durante el período posclásico del derecho romano, cuando los emperadores confirieron a los jurisconsultos el poder de emitir opiniones legales (*ius respondendi*) que, en último término, llegaron a obligar a los

jueces en ciertas circunstancias. En nuestro tiempo, el mecanismo de la administración de justicia, en ciertos países donde existen «cortes supremas», da por resultado la imposición de las opiniones personales de los miembros de estos tribunales, o de una mayoría de ellos, sobre todas las demás personas afectadas, siempre que se dé una gran discrepancia entre las ideas de los primeros y las convicciones de los últimos [...]. Esta posibilidad, lejos de estar implicada necesariamente en la naturaleza de la jurisprudencia o del derecho de los juristas, es más bien una desviación de ella y, en cierto modo, en sus más altos niveles, un elemento contradictorio del proceso legislativo, bajo la engañosa etiqueta de jurisprudencia o derecho de los juristas[42].

[...] Esto tiende a ocurrir, en primer lugar, cuando los tribunales supremos están autorizados para decir la última palabra en la resolución de los casos que ya han sido examinados por tribunales inferiores y cuando, además, las decisiones de los tribunales supremos sientan precedentes de cara a decisiones similares por parte de todos los jueces en el futuro. Siempre que esto ocurre, la posición de los miembros de los tribunales supremos es bastante similar a la de los legisladores, aunque en modo alguno idéntica.

De hecho, el poder de los tribunales supremos resulta habitualmente más importante bajo un sistema de derecho consuetudinario que bajo cualquier otro sistema legal centrado en la legislación. Estos últimos intentan conseguir la «consistencia de la decisión judicial» mediante la fuerza obligatoria de reglas formuladas con precisión. El primero, por lo general, realiza la tarea de introducir y mantener esa consistencia mediante el principio del precedente, siempre que una opinión común de los jueces o abogados fuera problemática, de hecho, todos los sistemas de derecho consuetu-

---

[42] Leoni, Bruno, *La Libertad y la Ley*, *op. cit.*, pp. 41-42.

dinario estuvieron y están probablemente basados, de una u otra manera, en el principio de precedente (o del «presidente», como los juristas ingleses de la Edad Media acostumbraban a decir), aunque este principio no debe confundirse con el del precedente de fuerza obligatoria de los sistemas de derecho consuetudinario de los países anglosajones en el presente.

[…] Si admitimos que tenemos que reducir los poderes de los legisladores para restaurar en lo posible la libertad individual, entendida como ausencia de coacción, y si estamos de acuerdo también en que la «consistencia de la decisión judicial» debe quedar reservada al único propósito de permitir a los individuos que hagan sus propios planes futuros, no podemos menos que sospechar que el establecimiento de un sistema legal que pudiera resultar en una intensificación de los poderes de individuos particulares, tales como los jueces de los tribunales supremos, constituiría una alternativa engañosa. Afortunadamente, incluso los tribunales supremos no están en absoluto en la misma posición práctica que los legisladores. Después de todo, no sólo los tribunales inferiores, sino también los tribunales supremos, están capacitados para decidir sólo si las partes interesadas lo piden; y aunque los tribunales supremos, a este respecto, están en una situación distinta de la de los inferiores, no dejan de estar sujetos a «interpretar» la ley en vez de promulgarla»[43].

Leoni comprendió que cuando dejan de resolver casos puntuales para embarcarse en la sanción de doctrinas abstractas de acatamiento obligatorio por los tribunales inferiores, las cortes se asimilan a los legisladores, y sus decisiones dejan de ser parte de una discusión jurídica para convertirse en una fuente de mandatos políticos.

---

[43] Ibíd., pp. 205-206.

Cortes supremas como la de Argentina, han señalado que sus fallos, por tratarse del más alto tribunal del país, gozan de una autoridad moral que, en principio, debe ser acatada por los tribunales inferiores debido a su valor intelectual, lo que robustece la certidumbre jurídica al mantener la estabilidad de sus doctrinas. Sin embargo, ese valor moral e intelectual no convierte a los precedentes en obligatorios para los tribunales inferiores, pues la independencia de criterio de los jueces justifica la posibilidad de que se produzcan resoluciones dispares.

Los jueces pueden apartarse de los precedentes de la Corte, para lo cual deben controvertir sus fundamentos con nuevos argumentos superadores. De este modo, se preservan dos valores fundamentales: la estabilidad de las doctrinas judiciales, que aportan certidumbre jurídica, y la necesaria evolución de los criterios judiciales a la luz del razonamiento crítico[44]. Esta forma de ver la formación y evolución de los criterios judiciales se asemeja conceptualmente al modo en que evoluciona el pensamiento científico, según las enseñanzas de Karl Popper[45]. Al mismo tiempo mantiene las discusiones judiciales en el ámbito jurídico y no las convierte en fuentes de mandatos de naturaleza política.

---

[44] El desarrollo de estos argumentos y precedentes puede consultarse en: Rojas, Ricardo Manuel, *La decisión judicial y la certidumbre jurídica*, *op. cit.*, pp. 176 y ss.

[45] Ibíd.., pp. 171-176.

CAPÍTULO III

LA NECESARIA SEPARACIÓN DEL DERECHO Y EL ESTADO

1. La tensión entre la autoridad estatal y la autonomía de la voluntad

Las dos visiones del orden jurídico que venimos discutiendo remiten a la discusión sobre dos conceptos básicos, y la necesidad de evaluar si pueden coexistir de alguna manera: la autonomía individual y la autoridad estatal.

La libertad personal de tomar decisiones se complementa con la responsabilidad por los propios actos, lo que supone que la persona debería escoger libremente aquello que un examen razonado le indica que es su mejor decisión. Libertad no significa simplemente elegir: supone la responsabilidad de llevar adelante un razonamiento crítico previo, estudiar los elementos vinculados a esa decisión, no aceptar principios sin discusión, etc. Es decir, la responsabilidad personal requiere que tal acto de libertad se lleve a cabo aplicando en ello las mejores destrezas que la condición racional le confiere al individuo. Cuando las personas son conscientes de que sus decisiones son el producto de este razonamiento, tienden a aferrarse a ellas con más convicción.

Por supuesto que cada uno puede decidir como quiera, pero precisamente esa libertad de elección incluye cargar con las consecuencias, lo que sugiere la conveniencia de realizar el esfuerzo para tomar la mejor decisión posible. La capacidad moral es la capacidad de elaborar juicios de valor, y el ser humano debería tomarse ese trabajo si quiere buscar las mejores soluciones. Nada le garantiza que no pueda equivocarse o que lo que considera objetivos loables en realidad no lo sean tanto. Pero sí puede –y debería– hacer el mayor esfuerzo por tomar las mejores decisiones. En eso consiste su responsabilidad en el ejercicio de su libertad[1].

Cuando una persona, ejerciendo su libertad, toma decisiones razonadas para alcanzar sus propios fines, elabora normas para su propia conducta, en virtud de su autonomía moral[2]. Dicha autonomía le confiere la capacidad de valorar, decidir y ejecutar su decisión, con independencia de las opiniones o indicaciones ajenas[3].

Si se reconoce esta autonomía moral de decidir el propio curso de vida individual, pero por otro lado el Estado intenta imponerle un mandato que puede o no coincidir con las reglas elaboradas para su propia vida, es evidente el conflicto entre la autoridad estatal y la autonomía personal.

En el ámbito de la ciencia política se ha planteado la discusión sobre cuál debería ser, en tal caso, la decisión prevaleciente: ¿la del Estado o la del individuo? Se ha intentado justificar el límite a la decisión individual sobre la base de la mayor preparación o el mejor conocimiento de los funcionarios del gobierno respecto de determinadas decisiones

---

[1] Sobre la naturaleza de la toma de decisiones puede verse: Rojas, Ricardo Manuel, «La adquisición e intercambio de conocimiento» en *Individuo y Sociedad, op. cit.*, pp. 65 y ss.

[2] Wolff, Robert Paul, *En defensa del anarquismo. Crítica de la democracia representativa* [1970], Taurus, Madrid, 2023, p. 55.

[3] Si bien la psicología ha estudiado extensamente los sesgos de personalidad, algunos de los cuales pueden impulsar a determinadas personas a seguir las ideas u opiniones de otros, por distintos motivos, lo cierto es que en última instancia cada uno decide lo que quiere hacer. La aptitud de tomar sus decisiones a partir del razonamiento crítico, sea que la utilice o no, es parte de su libertad y justifica el reconocimiento de su autonomía.

que no sólo tienen efectos sobre la persona que decide, sino también sobre terceros. Incluso como modo de compatibilizar la autoridad y la autonomía, se proponen soluciones menos invasivas o coactivas, como el llamado *paternalismo libertario*[4]. Pero lo cierto es que a medida que la autoridad estatal crece y restringe cada vez más la libertad individual para imponer sus propias decisiones, aumenta la resistencia de las personas a resignar las reglas elaboradas según sus valores personales, por las que se le intenta imponer.

La característica que define al Estado es la autoridad, el derecho a gobernar. La principal obligación de las personas es la autonomía, el rechazo a ser gobernado por otros. Parece, pues, que no se puede resolver el conflicto entre la autonomía del individuo y la supuesta autoridad del Estado. En la medida en que las personas cumplan con su obligación de ser quienes toman sus decisiones, resistirán la intención del

---

[4] Esta idea ha generado lo que considero una nueva oleada de intervencionismo económico (la primera fue producida por los neoclásicos y sus pretendidas correcciones a las «fallas del mercado»). Desde el trabajo fundacional de Richard Thaler y Cass Sunstein («Libertarian Paternalism is not an Oxymoron», en *University of Chicago Public Law & Legal Theory Working Paper No. 43*, 2003), luego perfeccionado en un libro que se ha vuelto famoso (*Un pequeño empujón (Nudge). El impulso que necesitas para tomar las mejores decisiones en salud, dinero y felicidad,* Taurus, México, 2008), se viene justificando el intervencionismo como una manera de corregir sesgos de personalidad, falta de conocimiento y otras fallas conductuales que desembocan en «malas decisiones» (Sunstein, Cass, «Behavioral Economics and Paternalism», *The Yale Law Journal*, 122, 2013). Si bien los autores se cuidan de señalar que tales «empujones» son sólo sugerencias no obligatorias, de la sugerencia a la obligación hay sólo un paso.

Si bien no es el objeto de este trabajo, parece adecuado señalar los peligros de distorsionar las correctas observaciones de la economía de la conducta (*behavioral economics*), para justificar intervenciones estatales para rectificar supuestas «fallas del comportamiento», o la pretensión de que los expertos designados por el gobierno están en mejores condiciones que los involucrados en una interacción, para tomar las «decisiones correctas».

Estado de tener autoridad sobre ellas. Es decir, negarán el
deber de obedecer las leyes del Estado por el mero hecho de
serlo. En este sentido, parece que el anarquismo es la única
doctrina política compatible con la virtud de la autonomía.
[...] Si todas las personas tienen la obligación permanente
de alcanzar el mayor grado de autonomía posible, entonces
parece que no existe ningún Estado cuyos súbditos tengan
la obligación moral de obedecer sus órdenes[5].

El mismo Wolff señala que una solución posible a este
conflicto es la *democracia directa unánime*, esto es, una sociedad
en la que cada persona vota directamente por cada decisión,
y rige la regla de la unanimidad para que las decisiones sean
válidas. En tales condiciones, cada miembro de la sociedad se
enfrenta a leyes en las que ha consentido previamente y por
lo tanto desaparece el conflicto[6].

Las decisiones así adoptadas respetan la autonomía de la
voluntad de cada votante. Pero como en la regla de la unanimidad un solo voto en contra impide la validez de la norma,
en comunidades populosas donde se deban resolver cuestiones
complejas, el uso de este mecanismo prácticamente paralizará
la posibilidad de tomar decisiones. Se ha sugerido como una
alternativa, el hecho de que no es necesaria la unanimidad
para adoptar todas las decisiones, sino que bastaría con estar
de acuerdo en un conjunto de normas fundamentales, por
ejemplo, las que establezcan los mecanismos para resolver las
discrepancias sobre otros asuntos. De este modo, si se acepta
unánimemente determinado sistema de arbitraje para resolver ciertas disputas, ello alcanzaría para que se considere que
todas las personas se han comprometido a aceptar las reglas,
incluso aquellas para las cuáles no hubo unanimidad, pero que

---

[5] Wolff, Robert Paul, *op. cit.*, p. 60-62.
[6] *Op. cit.*Ibíd., p.65.

en caso de discrepancias se resolverán por un mecanismo que sí acordaron unánimemente.

Pero esto significa sostener que las personas quedarán sujetas –como si hubiesen otorgado consentimiento expreso– a decisiones que no han acordado, y con las que quizá puedan estar abiertamente en contra. En definitiva, el sistema se relaja, e inevitablemente se caerá en la regla de la mayoría, que se ha convertido en el postulado fundamental de la democracia moderna.

Sin embargo, es la democracia directa unánime y no la representativa mayoritaria, lo que ha constituido el fundamento de la teoría política. La idea del pacto social o pacto constitucional, subyacente en todos los autores contractualistas, de Hobbes a Locke o Rousseau, considera que el gobierno es el producto de una decisión unánime adoptada en un acuerdo fundacional en el que todos participaron directamente, aun cuando en los hechos sólo existieron actos celebrados por pequeños grupos ilustrados o triunfadores en una contienda, que se arrogaron la representatividad de todos los habitantes y en su nombre sentaron los fundamentos de la organización política. Ese es el problema de la legitimidad del gobierno: su punto de partida es una ficción.

En definitiva, «democracia directa unánime» es sinónimo de «contrato». Si todas las personas se reúnen, deliberan, votan y están todos de acuerdo, están celebrando un contrato, lo llamen como lo llamen. Esa es la diferencia esencial con las formas de democracia indirecta o mayoritaria. Todo acuerdo en el que los que disienten de todos modos son obligados a obedecer, ya no es un contrato, es un acto violento.

La democracia representativa mayoritaria genera muchas dudas respecto de si ese tipo de organización permite preservar la autonomía de la voluntad individual, y al mismo tiempo hace dudar sobre si el contrato original unánime se ha preservado[7].

73

Surge en primer lugar el problema de la representatividad. Muchas son las objeciones que se pueden hacer a la pretensión de que los legisladores son representantes de los votantes, en el sentido de que cumplen un mandato que le han otorgado al elegirlos. Como explicó Leoni, hasta finales del siglo XVII el proceso democrático inglés se asentó en la idea de que los gobernantes eran mandatarios del pueblo, es decir, que actuaban como representantes en el sentido más estricto del término. Consecuentemente, las decisiones del parlamento eran las de la propia gente, a través de sus mandatarios. Pero esa idea del mandato nunca tuvo aplicación práctica y con el crecimiento demográfico ya no pudo ser seriamente invocada. En definitiva, los gobernantes sólo se vinculan con los ciudadanos porque necesitan sus votos para ocupar legítimamente sus cargos y luego los obligan a cumplir la legislación que ellos mismos sancionan[8]. Esto pone seriamente en dudas la idea de representatividad, y en tales condiciones, las decisiones del gobierno pasan a depender mucho más del uso de la fuerza para garantizarlas que del consenso de los «mandantes».

Por otra parte, surge el problema de que muchas decisiones no han sido conformadas por todos –siquiera indirectamente–, sino que hay una parte que votó por otra cosa o incluso por lo contrario. Entonces, ¿es posible sostener que una decisión adoptada por personas que no son mandatarios de los ciudadanos, y ni siquiera representan a todos, es la expresión de la voluntad individual autónoma de cada uno de ellos?

> La legitimidad especial y la autoridad moral del gobierno representativo se entiende que deriva de que expresa la voluntad del pueblo sobre el que gobierna [...]. Debo obedecer lo que el parlamento promulga, sea lo que fuere, porque su

---

[7] Wolff, Robert Paul, *op. cit.*, p.72.
[8] Leoni, Bruno, *La Libertad y la ley, op. cit.*, pp. 133 y ss.

voluntad es mi voluntad, sus decisiones, mis decisiones y, por tanto, su autoridad no es más que mi autoridad y la del resto de la ciudadanía[9].

Nada de eso ocurre si se elimina la manifestación de voluntad directa y la aprobación unánime, es decir, si no se suscribe un auténtico contrato. En este contexto, el conflicto entre la autoridad estatal y la autonomía individual persiste tan profundamente como al comienzo. Se agrava la situación si se repara en que las decisiones democráticas mayoritarias tienden a privilegiar el número por sobre el razonamiento. A diferencia de otros grupos en los que sus miembros intentan lograr consensos y ponerse de acuerdo, aun cuando deban resignar algunas de sus pretensiones, en las asambleas legislativas o las elecciones, una vez logrado el número necesario, la discusión y el consenso pasan a un segundo plano.

Cuando una persona debe escoger entre dos o tres alternativas, y mantiene su preferencia, existe una alta probabilidad de que los motivos de esa preferencia también permanezcan estables. Podrá modificar su elección, pero mientras la mantenga, es esperable que lo haga por los mismos argumentos. En cambio, cuando millones de personas deben elegir entre dos o tres alternativas, probablemente existan innumerables motivos por los cuales se deciden por alguna de ellas. De modo que aun cuando la mayoría opte por la alternativa «a», lo hará por muchas razones distintas, incluso contradictorias entre sí. Esto hace que la regla de la mayoría, especialmente cuando se aplica a grandes grupos, llegue a resultados incoherentes[10].

---

[9] Wolff, Robert Paul, *op. cit.*, p. 73.
[10] Wolff, Robert Paul, *op. cit.*, p.115.

2. Centralismo *vs.* Policentrismo. De la competencia de agencias a la competencia de fuentes del derecho

Para solucionar el conflicto entre la autonomía individual y la imposición de la autoridad, se ha propuesto la descentralización de funciones esenciales del gobierno a través de un mecanismo de agencias en competencia, a las cuáles las personas se puedan adscribir voluntariamente. De este modo se abandonaría el centralismo normativo que impone legislación coactiva, para reemplazarlo por un sistema policéntrico en el cual las funciones normativas se ejercerían por varias agencias privadas de elección voluntaria. Por otro lado, las decisiones de esas agencias ya no estarían basadas en la regla de la mayoría, sino en el contrato unánime que vincula a cada agencia con sus adherentes. Esta visión tuvo respaldo en el siglo XIX con autores como Lysander Spooner en Estados Unidos o Gustave de Molinari en Europa.

El recelo hacia el gobierno central monopólico fue claramente expresado por Spooner, quien abiertamente rechazaba la autoridad de la Constitución. Veía a ese modelo como una versión edulcorada de autoritarismo monopólico supuestamente respetuoso de las libertades y de las decisiones mayoritarias, pero que en realidad escondía una excusa para justificar el autoritarismo.

Se puede advertir con cierta claridad, que el monopolio estatal de muchas actividades consideradas como servicios públicos indelegables y necesarios, impidió que se desarrollaran tecnologías y nuevas instituciones espontáneas que permitieran resolver esas cuestiones, una vez que se pusieron en manos del Estado. Sin incentivos para el desarrollo de esas tecnologías e instituciones, la idea de que sólo el Estado puede resolver tales problemas se retroalimentó. Pero si ese monopolio desapareciera, las personas se verían estimuladas para encontrar soluciones adecuadas.

El proceso de mercado, basado en la competencia a través del ejercicio individual de derechos de propiedad en busca del propio interés, con libertad de concurrencia y acceso a la información, ha mostrado ser la manera más eficiente para proveer todo tipo de bienes y servicios, a partir de la develación de los incentivos correctos que guían las inversiones. Como señaló en su trabajo sobre la producción de seguridad Gustave de Molinari en 1849, si el mercado es eficiente para producir comida, debería ser igualmente eficiente para la provisión de seguridad y justicia[11]; y yo agrego, debería serlo para producir reglas jurídicas adecuadas. La competencia entre las distintas fuentes de creación del derecho, de acuerdo con decisiones libres y voluntarias de los involucrados expresadas en sus contratos y reclamos, enriquecería notoriamente al orden jurídico en su conjunto.

Las distintas críticas a la existencia del gobierno decantaron finalmente en una propuesta que fue popularizada en la década de 1970 por Murray Rothbard, quien sugirió sustituir el monopolio estatal de la fuerza y la legalidad, por agencias privadas, elegidas y contratadas voluntariamente, que en forma competitiva y con libertad de entrada y salida, ofrecieran a las personas los distintos servicios que hasta entonces proveía el Estado[12]. Sentó las bases de un mercado vinculado a la seguridad, la justicia y el establecimiento de las leyes.

En su tiempo la propuesta de Rothbard recibió críticas desde la posición liberal clásica que veía imposible que pudieran competir en un mismo territorio agencias que brindaran seguridad, reglas jurídicas y soluciones judiciales

---

[11] Molinari, Gustave, «Sobre la producción de seguridad», en *Controversia sobre la propiedad privada. Diálogos entre un economista, un socialista y un conservador*, Universidad Francisco Marroquín, Guatemala, 2019, pp. 239-254.

[12] Rothbard, Murray N., *Hacia una nueva libertad. El manifiesto libertario* [1973], Unión Editorial, Madrid, 2021.

distintas[13], incluyendo la más benevolente de Nozick, que sin descartar del todo el argumento de Rothbard entendía como más razonable convertir en monopólica a aquella agencia preferida por el mercado en el estado de naturaleza[14]. Con el transcurso del tiempo, muchos autores desarrollaron el argumento anarco-capitalista, mejorando los postulados de Rothbard, e incluso ayudados por nueva tecnología que ha permitido resolver problemas que antes se consideraban imposibles sin la intervención estatal.

Esta idea de la competencia de agencias supuso moverse del centralismo monopólico estatal hacia una visión más abierta en la cual varias instituciones privadas podrían ofrecer diferentes soluciones. En tanto se garantice la libre entrada y salida al mercado, tanto de las empresas como de sus asociados, sería una mejoría frente al monopolio legislativo.

Pero la tesis planteada por Rothbard podría ir un paso más allá, es decir, discutir si se trata de una competencia de

---

[13] Ayn Rand señaló respecto de la propuesta de Rothbard: «Una variante reciente de la teoría anarquista, que confunde a algunos de los defensores más jóvenes de la libertad, es un fantástico desatino llamado 'gobiernos en competencia'. [...] Afirman que en lugar de un solo gobierno monopólico debería existir una serie de gobiernos diferentes dentro de la misma área geográfica que compitieran entre sí para obtener la adhesión de los ciudadanos individuales, cada uno de los cuales quedaría en libertad de favorecer y adoptar los servicios del gobierno que eligiera. Recuérdese que el único servicio que puede ofrecer un gobierno es la coerción forzosa, y pregúntese qué significaría una competencia en este ámbito. [...] Un ejemplo bastará: supóngase que el Sr. Smith, partidario del Gobierno A, sospecha que su vecino, el Sr. Jones, partidario del Gobierno B, le ha robado; una brigada de la Policía A se dirige entonces a la casa del Sr. Jones, donde se enfrenta con una brigada de la Policía B, que declara que ellos no aceptan la validez de las quejas del Sr. Smith y no reconocen la autoridad del Gobierno A. ¿Qué sucede entonces? Dejo la conclusión al lector [...]» (Rand, Ayn, *La Virtud del Egoísmo*, Ed. Grito Sagrado, Buenos Aires, 2004, pp. 161-162).

[14] Nozick, Robert, *Anarchy, State and Utopia*, Basic Books, Nueva York, 1974.

agencias, o si en realidad se debería plantear una competencia de normas y procedimientos de solución de conflictos (*fuentes del derecho*), de modo que cada persona pueda negociar individualmente las reglas para celebrar sus contratos o dirimir sus reclamos.

Estrictamente, la verdadera soberanía no es de países o regiones, tampoco de grupos o agencias, sino de individuos[15]; y esa autonomía no debe limitarse a elegir agencias o empresas, sino que debería extenderse a la libertad de decidir, en cada intercambio, cuáles serán las reglas contenidas en sus contratos, o los mecanismos para resolver sus reclamos.

La idea de «agencias en competencia», en definitiva se asimila a gobiernos, en la medida en que una vez que se tomó la decisión de adscribirse a ellas, se aplicarán para todos las reglas adhesivas ofrecidas por la empresa. La diferencia fundamental es que, al no detentar un monopolio legal, deberían competir y demostrar eficiencia para ser preferidas, y por ello mismo las personas podrían voluntariamente desvincularse de unas para asociarse a otras.

La verdadera alternativa a los gobiernos es la libertad para elegir y negociar las reglas aplicables a cada uno de los acuerdos y a la solución de cada reclamo. Es una competen-

---

[15] Ha dicho Lemieux: «Una sociedad no puede ser soberana por la sencilla razón de que no puede decidir nada. La sociedad no puede decidir nada porque no es una entidad orgánica, viviente, animada o inteligente. Lo que está en juego aquí es el viejo mito del gran ser social, que se remonta lejos en la historia […]. Entonces, ¿es 'la nación' la soberana? El problema de la nación es el mismo que el de la sociedad: que no existe, y ello puede aplicarse igualmente al pueblo. La soberanía del pueblo es incompatible con la soberanía del individuo […]. Los grupos no son más que colecciones de individuos, constelaciones de relaciones individuales, efectos de lo que piensan y hacen los individuos. La colectividad no existe; nadie ha encontrado jamás 'la sociedad', 'Francia' o 'Canadá'» (Lemieux, Pierre, *La soberanía del individuo. Fundamentos y consecuencias del nuevo liberalismo*, Unión Editorial, Madrid, 2000, pp. 16-17).

cia entre reglas, no entre agencias que imponen sus reglas. La sociedad es un proceso en permanente evolución. El elemento constitutivo primario de un orden social es la decisión individual. Cada contrato decidido voluntariamente entre los involucrados, es la fuente de sus relaciones jurídicas[16]. La idea de competencia de agencias, debería entonces avanzar decididamente hacia la competencia de reglas y mecanismos de solución de conflictos elegidos por los individuos. Si ello ocurriera, se podría pensar en un orden jurídico realmente policéntrico, ubicando el centro de elección de las fuentes jurídicas en cada individuo.

3. Respuesta a algunos argumentos que se esgrimen a favor de la creación estatal del derecho

Quienes entienden que no podría existir un orden jurídico sin la intervención estatal, suelen invocar algunos casos en los cuales la regulación legislativa luce inevitable, como el derecho público, que organiza y regula distintas áreas o intereses del Estado, y también la necesidad de que una autoridad pública ejecute mediante el uso de la fuerza de ser necesario, las decisiones de jueces y árbitros.

El análisis de estos casos remite a diferenciar las normas o decisiones jurídicas de los mandatos de naturaleza política, tema que ya fuera abordado por Hayek[17].

Es esencial distinguir con claridad los mandatos coactivos por los cuáles el gobierno impone conductas o prohibiciones a las personas, y las discusiones de naturaleza jurídica que

---

[16] Rojas, Ricardo Manuel, *Free City. Orden cooperativo y competencia de fuentes jurídicas*, Unión Editorial, Buenos Aires, 2025, p. 58.

[17] Hayek, F. A., *Los Fundamentos de la Libertad*, Unión Editorial, Madrid, 2006, pp. 195 y ss.

se originan a partir de reclamos por la aplicación de tales mandatos. Lo primero debería quedar restringido al área de la actividad política, y sólo lo segundo se podría ubicar en el campo del derecho. Es algo similar a lo que ocurre con las demás «ciencias sociales», pero que en el terreno del derecho mueve a confusión. En Economía, el análisis de un precio máximo, un salario mínimo, un arancel o la tasa de interés que un Banco Central obliga a aplicar a los bancos privados, no deberían considerarse estrictamente como discusiones económicas sino políticas, vinculadas con el poder político que impone mandatos coactivos. Sólo podría hacerse un análisis económico de esas decisiones políticas.

Por la misma razón, cuando el Congreso crea un impuesto, esa legislación no debería considerarse como parte del derecho sino como una imposición política. Recién cuando el perjudicado por el impuesto reclama ante un tribunal o el ente recaudador exige el pago, se inicia una discusión de naturaleza jurídica, y en ese contexto, no es descartable que los jueces −al juzgar según las mismas reglas a los ciudadanos y al gobierno−, pudieran llegar a la conclusión a la que llegaron Ayn Rand y otros autores contemporáneos, en el sentido de que el cobro de impuestos, por implicar el inicio del uso de la fuerza, constituye un crimen.

La correcta separación de las decisiones políticas de las jurídicas, permitiría replantear y cuestionar las imposiciones legislativas justificadas en el «orden público», o el modo en que se puede lograr el cumplimiento de las decisiones de los jueces.

a. La necesidad del «derecho público»

La comprensión de que el derecho es un conjunto de principios y reglas de creación espontánea, producto de la interacción y la necesidad de prevenir y resolver conflictos deja abierta la discusión respecto de cómo habrá de tratarse jurídicamente a las actividades del Estado y los órganos del gobierno a través de los cuáles se manifiesta su poder coactivo.

El día en que, como confiaba Borges, nos merezcamos que no existan gobiernos, este problema ya no existirá. Pero mientras tanto, la penetración del poder político sobre el derecho, que se extendió a todos los ámbitos de las discusiones jurídicas, se intensifica con el desarrollo del llamado «derecho público».

Resulta interesante recordar que los autores ingleses que estudiaron sistemáticamente el *common law*, consideraron que el derecho era uno y se aplicaba indistintamente a particulares y funcionarios. Ni el gobierno ni sus agentes tenían una posición legal privilegiada o reglas especiales[18]. Sostenía Dicey al respecto:

> El imperio de la ley en este sentido excluye la idea de cualquier excepción para los funcionarios u otras personas, para con el deber de obediencia a la ley que rige a los otros ciudadanos, o con respecto a la jurisdicción de los tribunales ordinarios; no puede haber entre nosotros nada equivalente al derecho administrativo (*droit administratif*) o a los tribunales administrativos (*tribunaux administratifs*) de Francia. La noción que yace en el fondo del «derecho administrativo» conocido en los países extranjeros es que las cuestiones o controversias concernientes al gobierno o a sus agentes escapan a la esfera de los tribunales civiles y deben ser tratadas por corporaciones especiales, más o menos oficiales. Esta idea es totalmente ajena al derecho inglés y es, en realidad, fundamentalmente opuesta a nuestra tradición y costumbre[19].

---

[18] Eder, Phanor J., *Principios característicos del common law y del derecho latinoamericano*, Abeledo Perrot, 1960, p. 35.

[19] Dicey, Albert Venn, *Introduction to the Study of the Law of the Constitution*, Macmillan, Londres, 1941, pp. 202-203.

La circunstancia de que Gran Bretaña no tuviera una Constitución escrita que delimitara los organismos del Estado y su poder, hizo que la creación de reglas especiales de derecho público se demorase un poco más que en otras partes[20]. Pero con el tiempo, la necesidad de organizar las oficinas del gobierno y distribuir las tareas requirió reglas administrativas y una creciente burocracia. Esta actividad es típicamente política, no jurídica. El derecho aparece cuando, en ejecución de las atribuciones de los órganos del gobierno, se traba una disputa o reclamo que involucra a particulares. El reclamo genera la intervención de un juez y la consecuente discusión jurídica que fundamenta su decisión. En los primeros tiempos del derecho inglés, cuando se dictaba esa sentencia, no había diferencias fundamentales con reclamos entre particulares. Intervenían los mismos tribunales, seguían los mismos procedimientos y aplicaban los mismos principios jurídicos.

Lo que en Estados Unidos e Inglaterra se denominó originariamente *administrative law*, fue una recopilación de jurisprudencia de tribunales ordinarios respecto de causas en las que estuviesen en juego las facultades concedidas a la administración pública; aunque sin la pretensión de crear un cuerpo armónico de leyes con reglas especiales de derecho administrativo[21]. Pero con el tiempo y el crecimiento del Estado se hizo inevitable el desarrollo de ese derecho administrativo, alentando la emisión de reglas especiales, lo que originó resistencias entre algunos juristas[22]. A finales del siglo XIX,

---

[20] Decía Allen al respecto: «El Estado como entidad no está reconocido en nuestro derecho. El Estado es la Corona» (Allen, C.K., *Law and orders. An Inquiry into the nature and scope of Delegated Legislation and Executive Powers in England*, Sevens & sons, LondresLondres, 1945, p. 354).

[21] Eder, Phanor J., *op. cit.*, p. 38, nota. 8.

[22] Fue el caso de Lord Hewart, Justicia Mayor de Inglaterra, quien en 1929 denunciaba el avance de la burocracia inglesa sobre los asuntos privados en un libro titulado: *El nuevo despotismo*, el que consistía en subordinar

el surgimiento de la jurisdicción administrativa y las normas especiales para juzgar a la administración en la Europa continental, ya se comenzaba a notar en Gran Bretaña. Sostenía Lowell en aquella época:

> En algunos casos –incluso en Inglaterra– es verdad que al agente de la Administración local se le han concedido por estatuto poderes para implantar regulaciones. Los funcionarios gubernamentales locales (en Gran Bretaña) y nuestras juntas de sanidad constituyen ejemplo de ello; sin embargo, tales casos son excepcionales, y la mayoría de los anglosajones se percatan de que dicho poder es arbitrario en su naturaleza y no debería aplicarse más allá de lo que sea absolutamente necesario[23].

Este camino hacia la creación de estatutos legislativos o resoluciones ejecutivas que establecen reglas de juego especiales para las agencias y agentes del gobierno, lejos de mantenerse limitado como esperaba Lowell, se extendió ampliamente.

En el continente europeo, el proceso de elaboración de un régimen de mandatos especiales para los asuntos estatales ha sido más rápido e intenso que en la tradición anglosajona. El derecho administrativo francés, y la consecuente creación del Consejo de Estado, logró independizar a las normas y tribunales administrativos del control judicial, entendiendo a la división de poderes no sólo como la división de funciones, sino como la autonomía entre los distintos órganos.

La jurisdicción contencioso administrativa se diseñó de tal modo en Francia que no forma parte del Poder Judicial sino

---

al Parlamento y a los jueces a los deseos y caprichos del Ejecutivo (Hewart, Gordon, *The New Despotism*, Ernest Benn Limited, LondresLondres, 1929).

[23] Lowell, Abbott Lawrence, *Government and Parties in Continental Europe*, Longmans, Green & co., Nueva York, 1896, vol. I, p. 44. Citado por Hayek, Friedrich, *Los fundamentos de la Libertad, op. cit.* p. 279.

del Administrador, siendo sus decisiones irrevisables por los tribunales de justicia. También independizó su jurisdicción de la llamada «Administración activa» —es decir, de los órganos que cumplen funciones propiamente administrativas–, creando tribunales de «derecho común» en materia administrativa[24].

Mientras subsista el Estado, será inevitable que existan mandatos políticos, de orden administrativo, penal, tributario, etc., que regulen la forma en que el Estado ejerce su poder coactivo en esas áreas. Pero no parece correcto denominar a esos mandatos como parte del «derecho» u orden jurídico, entendido en el sentido evolutivo mencionado en la primera parte de este trabajo. Las imposiciones políticas no son normas jurídicas *stricto sensu*. La discusión debería comenzar en el momento que tales mandatos son desafiados por reclamos de personas que se ven afectadas por ellos.

Por ejemplo, la legislación ha convertido el desapoderamiento, la agresión o el engaño, de un conflicto privado pasible de un reclamo civil por el damnificado, a un evento sometido a la legislación penal. El Estado expropia el conflicto privado y lo convierte directamente en un reclamo suyo contra quien provocó el daño; está emitiendo un mandato de naturaleza política por el cual ejercita unilateralmente su poder coactivo sobre los habitantes. Recién cuando un fiscal o un querellante inician un reclamo para que, en nombre de dicho mandato político, la persona sea procesada y eventualmente condenada, se comienza una discusión estrictamente jurídica. El ejercicio de la acción por parte del acusador y la consecuente defensa, la presentación y valoración de la prueba y los alegatos finales, inician un debate jurídico que aprovecha todas las

---

[24] Bosch, Jorge Tristán, *Tribunales judiciales o tribunales administrativos para juzgar a la Administración Pública*, Víctor P. de Zavalía Editor, Buenos Aires, 1951, p. 25; con cita de Bonnard, Rober, *Le contrôle juridictionnel de l'Administration. Etude de droit administratif comparé*, Ed. Delagave, Paris, 1934, pp. 110 y ss.

fuentes disponibles y se convierte en teoría del delito, teoría de la pena, teoría de las garantías procesales, etc. En ese contexto, el Código Penal no es más que un elemento cuya validez y alcance habrá de ser discutido y confrontado en la deliberación judicial.

Una cosa es invocar el carácter jurídico de las normas penales, tributarias, administrativas, que establecen reglas y procedimientos a partir de mandatos unilaterales del Estado, y desde este postulado discutir la aplicación de tales mandatos ante jueces que deben reconocer tal especialidad en el derecho público. Otra muy distinta es llevar a la decisión de árbitros independientes la validez misma de esa pretendida potestad estatal para imponer reglas. Lo primero supone darle carácter de «derecho» a los mandatos políticos, lo segundo es someter los mandatos políticos al derecho.

Estas áreas de «derecho público», más allá de imponer sus mandatos, también establecen procedimientos para resolver los reclamos entre el Estado y las personas. Tales procedimientos son elaborados a través de reglas establecidas por propio el Estado, que por lo general sustituyen los principios jurídicos por otros en su beneficio.

Existen otras áreas jurídicas consideradas históricamente como parte del derecho privado, y que la injerencia estatal va convirtiendo en parte de ese «derecho público» devenido en actividad política con ropaje jurídico. Una de ellas es el «derecho laboral», que surgió inicialmente como un contrato privado de locación de servicios, y hoy es una actividad totalmente regulada por la legislación. Otra es el propio mercado de bienes y servicios que, con la excusa de la protección de la competencia, está sometido a leyes que le permiten al gobierno alterar los acuerdos libres y voluntarios. Incluso en el ámbito más privado de todos, el derecho civil y comercial, se va restringiendo casi hasta la desaparición la autonomía de la voluntad, por mandatos vinculados con consideraciones económicas, ambientales, morales, etc., generalmente englobados bajo el justificativo del «orden público».

b. El problema del «enforcement»

Uno de los argumentos que se suelen invocar para justificar la estatización del orden jurídico, es que las decisiones por las cuales los jueces o árbitros resuelven controversias, requieren el uso actual o potencial de la fuerza, que sólo el Estado puede proveer de manera objetiva, evitando abusos.

Este argumento es pasible de dos tipos de respuesta:

a. La invocación de la necesidad de usar la fuerza para hacer cumplir las decisiones, tiene una directa relación con la pretensión del monopolio de la legalidad que detenta el Estado. El ejercicio de la violencia es el modo natural en que el Estado ejecuta sus mandatos. Como explica Benson, cuando un grupo impone coactivamente sus decisiones, requerirá ejercer mucha más violencia de la que se necesita cuando las normas y soluciones a conflictos surgen del consenso, a través de reglas que son el fruto de una mutua aceptación y respeto[25]. La transformación de la idea de «mandato», que dejó de ser el que los ciudadanos otorgan al gobernante, para transformarse en el que el gobernante impone a los ciudadanos, robusteció la idea de que ese orden de creación estatal tiene como base casi exclusiva la coacción.

Por el contrario, un orden jurídico que se forma espontáneamente a partir de decisiones voluntarias, contratos, adhesión a instituciones de solución de conflictos, con libre elección de fuentes jurídicas, etc., fortalece tanto la cohesión social como el respeto al derecho, que actúa como un refuerzo para lograr

---

[25] Benson, Bruce L., *Justicia sin Estado*, Unión Editorial, Madrid, 2009, p. 22.

el cumplimiento de la palabra empeñada y la responsabilidad por los actos. La libre elección de reglas permite tomar mejores decisiones. En el campo jurídico esa labor la desarrollan mayormente las costumbres, que al ser el producto de un intercambio de valores individuales aceptados generalizadamente, establecen reglas respetadas con mayor fuerza que el miedo a la autoridad que las impone desde el poder[26].

Las costumbres y prácticas dan origen a expectativas, que a su vez guían las acciones, por lo que esas prácticas que la gente espera observar es lo que, a menudo, se reconoce como ley. La autoridad de (o el apoyo a) un sistema legal, deriva en última instancia del sentimiento de que es «correcto» debido a que verifica las expectativas. Desde esta perspectiva de la autoridad resulta claro que los acuerdos recíprocos son la fuente básica de reconocimiento del deber de obedecer la ley[27].

Como el ejercicio del *enforcement* forma parte de un monopolio estatal desde el surgimiento del Estado, no hubo oportunidad para que surjan procedimientos contractuales que permitan hacer cumplir las decisiones por fuera del

---

[26] Axelrod, Robert, «An Evolutionary Approach to Norms», *American Political Science Review*, 80: 1095-1111 (1986). Las normas consuetudinarias fueron voluntariamente respetadas en mayor medida que los mandatos de la autoridad, y el derecho dejó de ser respetado y comenzó a ser temido, cuando se lo consideró como una expresión de la voluntad política impuesta por la fuerza. David Hume explicaba las consecuencias de esa falta de cohesión voluntaria, y al negar la idea de un pacto social que justifique la existencia de un gobierno, sostenía: «Cuando se establece un nuevo gobierno, por cualquier modo que sea, la gente está generalmente insatisfecha con él y obedece más por miedo y necesidad que por una idea de lealtad u obligación moral» (Hume, David, «On the Original Contract», en *Essays: Moral, Political and Literary* [1742], E. F. Miller (ed.), Liberty Classics, Indianapolis, 1987, pp. 468 y 471).

[27] Benson, Bruce L., «The Spontaneous Evolution of Commercial Law», *Southern Economic Journal* (enero, 1989), pp. 446-461; citado por Krause, Martín, «La teoría de juegos y el origen de las instituciones», *Libertas* n° 31, octubre de 1999, p. 258.

Estado. Así como la libertad contractual alentó todo tipo de mecanismos para resolver problemas, no ocurrió lo mismo con el cumplimiento de las decisiones judiciales, que siempre se reservó al poder estatal. Pero si el derecho volviera a ser el producto de acuerdos voluntarios, muy probablemente esos contratos y procedimientos establecerían las formas de hacer efectivas las decisiones, y cuya aceptación y acatamiento se incrementaría en la medida en que son el fruto de actos consensuados y no coactivos[28].

b. La discusión sobre cómo hacer cumplir los contratos o las decisiones de los árbitros, no es estrictamente una discusión jurídica, sino instrumental o política. Cuando el gobierno hace cumplir las decisiones de los árbitros o jueces, presta un servicio que no tiene una significación jurídica, no supone participar en la creación del derecho ni orientar las soluciones a los reclamos, sino que es una tarea auxiliar, vinculada con la protección de los derechos, en especial la propiedad, una de cuyas expresiones más importantes es hacer cumplir las decisiones finales de los árbitros. Quien hace cumplir la decisión no participa ni opina sobre su contenido, sino que se limita a ejecutarla ejerciendo la fuerza si es necesario. Tiene la misma naturaleza que la acción de un policía que detiene a una persona para llevarla ante un juez que la reclama, o llevar a cabo cualquier otro tipo de tarea auxiliar. Tales tareas no son jurídicas, son políticas.

Por lo tanto, identificar al derecho con una función estatal dirigida a hacer cumplir las decisiones, es un error conceptual sobre el significado del derecho.

---

[28] Rojas, Ricardo Manuel, *Fundamentos praxeológicos del derecho, op. cit.*, pp. 227 y ss.

4. Conclusión: el derecho es un producto de la gente, no de legisladores ni de jueces

Si se acepta que el derecho es un aspecto del estudio de la sociedad, vinculado con la necesidad de evitar y en su caso solucionar los conflictos que produzca la interacción humana, brindando criterios, reglas, doctrinas y normas elaborados espontáneamente a partir de la interacción cooperativa[29], no parece razonable pensar que su existencia dependa de decisiones estatales coactivas, del mismo modo que no se justifica la vinculación con el Estado de la cataláctica, el lenguaje, la moral o cualquier otra expresión de la interacción social.

La moderna concepción del derecho como una atribución propia del Estado, ha desvirtuado la noción misma de derecho. A través del monopolio de la legalidad, los gobiernos concentran un poder incontenible, que anuló a prácticamente todos los intentos de ponerle límites en defensa de las autonomías individuales. Precisamente es el derecho el que debería generar los anticuerpos para el autoritarismo, pero el propio sistema se lo impide al colocarlo bajo el control del Estado.

La tensión producida entre la autoridad estatal y la autonomía de la voluntad individual no ha podido ser superada en el contexto del Estado moderno. La pretensión de que el poder político de establecer normas emana de la soberanía anuló tanto la autonomía individual como la posibilidad de elaborar una verdadera teoría del derecho. La separación de la ciencia política y la ciencia jurídica, es decir, del Estado y el Derecho, constituyen una necesidad impostergable para recuperar la libertad individual.

Por lo tanto, un primer paso en el camino hacia sociedades más libres requiere llevar a cabo esa separación, eliminar el

---

[29] Recomiendo para comprender mejor esta visión mi trabajo *Fundamentos praxeológicos del derecho,* ya citado.

monopolio legal estatal, y reconocer que es cada individuo quien debe decidir, a través de acuerdos cooperativos, cuáles serán las fuentes de sus contratos y los mecanismos para canalizar sus reclamos.

EN LA MISMA COLECCIÓN

15. Alberto Benegas Lynch (h)
La Escuela Austriaca en los negocios
66 páginas

16. Friedrich A. Hayek
Sobre el conocimiento
50 páginas

17. José Antonio de Aguirre
La batalla contra la pobreza y la desigualdad
100 páginas

18. John Locke
Segundo ensayo sobre el gobierno civil
178 páginas

19. Murray N. Rothbard
Ciencia, tecnología y gobierno
96 páginas

20. Etienne de La Boétie
Discurso de la servidumbre voluntaria
48 páginas

21. Martin Stefunko
La acción humana. Una guía para principiantes
68 páginas

22. Nicolai J. Foss y Peter G. Klein
Aproximación a la empresa desde la economía austriaca
y los costes de transacciones
54 páginas.

**Para más información,
véase nuestra página web**
www.unioneditorial.es